AHMED YASAWI A JORNADA DO SUFISMO

O Mestre de Sabedoria do Cazaquistão

Osvaldo Condé

AHMED YASAWI

A Jornada do Sufismo

O Mestre de Sabedoria do Cazaquistão

Pró Consciência®

AHMED YASAWI: A Jornada do Sufismo - O Mestre de Sabedoria do Cazaquistão
© 2024
Direção Editorial: Lívia Borges
Coordenador do Conselho Editorial: Marcos de Araújo
Revisão, copidesque e contracapa: Emilly Custódio
Diagramação e capa: Madalena Araujo

FICHA CATALOGRÁFICA A ENVIAR

Dados Internacionais de Catalogação na Publicação (CIP)
(Câmara Brasileira do Livro, SP, Brasil)

Condé, Osvaldo
Ahmed Yasawi : a jornada do sufismo : o mestre de sabedoria do Cazaquistão / Osvaldo Condé. -- Brasília, DF : Pró-Consciência, 2024.

ISBN 978-65-86485-28-8

1. Espiritualidade 2. Sufismo - Poesia 3. Turcos - História 4. Yasawi, Ahmad, 1093-1166 I. Título.

24-216766 CDD-907.2

Índices para catálogo sistemático:

1. Biografia e história 907.2

Tábata Alves da Silva - Bibliotecária - CRB-8/9253

Editora
www.proconsciencia.com.br
Email: info@proconsciencia.com.br
@proconsciencia

Salam Aleicom!
Ahmed Yasawi é o mais popular escritor do Cazaquistão e a quinta biografia mais lida naquele país, traduzida para 30 idiomas.

Este livro é o primeiro em português sobre ele.

O emblema da capa é a imagem de um *hanyrak* (cazaque: *Шаңырақ*, Şañyraq;), a porção superior em forma de cúpula de uma *yurt* (tenda típica cazaque), contra um fundo azul celeste que irradia (na forma de raios solares) *uyks* (suportes) realçados por asas de cavalos míticos, inspirados em Tulpar, que representam bravura. A forma circular do Emblema é um símbolo de vida e eternidade. O *shanyrak* simboliza o bem-estar familiar, paz e tranquilidade.

Bismillah ar-Rahman ar-Rahim[1]

Dedicado à minha família.

Agradecimentos especiais

Ao corpo diplomático do Cazaquistão no Brasil na pessoa do Embaixador o Excelentíssimo Senhor Bolat Nusupov, bem como do Secretário Anuar Temirov, pelo apoio incondicional.

Ao amigo Sr. Igor Santa Cruz.

À Editora Pró-Consciência.

Aos laços de amizade estabelecidos pela Ong. União Planetária, na pessoa de Ulisses Riedel, com o governo cazaque,
que nos inspirou esta obra.
A todos nossos sinceros desejos de "Salans" *e agradecimentos.*

SUMÁRIO

LISTA DE FIGURAS

Figura 1: Mapa do Cazaquistão

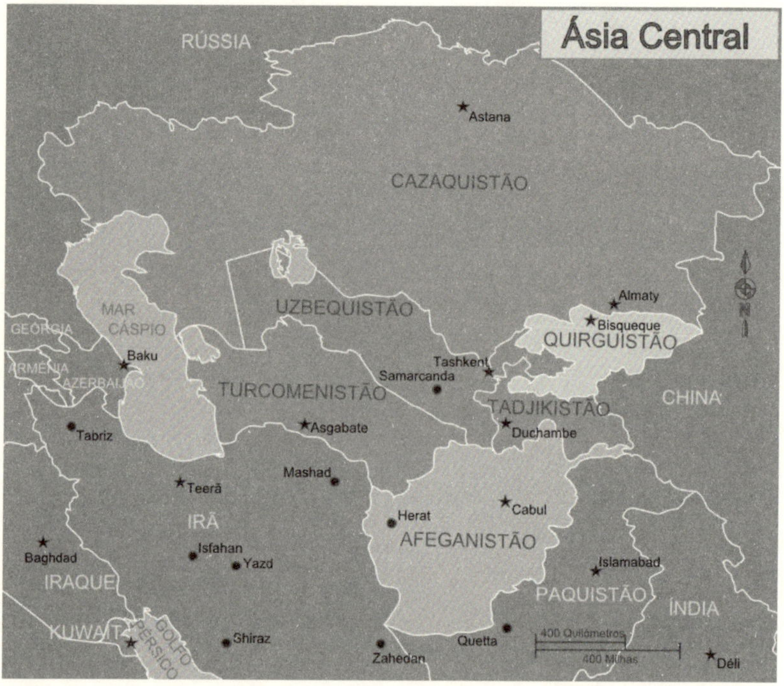

Situada na Ásia Central, a República do Cazaquistão ocupa um território de 2.724.900 km2, com 20 milhões de habitantes. Sua capital é Astana, localizada ao norte do país. O Cazaquistão conquistou a independência em 16 de dezembro de 1991.

Figura 2: Moeda de vinte liras turca com imagem sugerida de Ahmed Yasawi

Edição comemorativa
850° Aniversário da morte de Ahmed Yesevi

Frente
Inscrição em Latim:
TÜRKİYE CUMHURİYETİ
REPUBLIC OF TURKEY
HOCA AHMED YESEVİ TÜRBESİ
2016
20 Türk Lirası
Tradução:
Mausoleum of Khoja Ahmed Yasawi
2016
20 Turkish Lira

Verso
Inscrição em Latim:
HOCA AHMED YESEVİ'NİN ÖLÜMÜNÜN 850. YILI
Tradução:
850° Aniversário da morte de Ahmed Yesevi

APRESENTAÇÃO

Ventos benfazejos sopram desde as estepes cazaques, irradiam-se da Ásia Central aos cantos todos do mundo, fazendo vibrar a melodia do amor e a compreensão da vida, na essência que emana, e clama ao humano, a realização da sabedoria e o encontro com o mistério profundo de Deus. Um Mestre raiou, e sua realização propagou a letra da verdade em harmônica poesia, com símbolos tais, que dos Sufis Ancestrais, abriu portais, a nós, os mortais. Vênias ditosas, peço-vos, pois, para ao exórdio desta apresentação, fazê-lo com rimas, que auguram beleza, por tão belo ensejo.

Corria, então, o ano de 1093 d.C., quando chega a este plano, Ahmed Yasawi, filho, no tempo, de seu pai Ibrahim, conquanto, para além, fez-se discípulo, de Yusuf Hamadani, de quem, pela *baraka*, recebeu a eternidade. Em Sayram, no Canato de Kara-Khanid, eis que vem ao mundo, ao longo do Século XI, um Gigante da Sabedoria, um Mestre da Vida, no Coração do Cazaquistão.

Se aos humanos, filhos amados do Deus Criador, foi concedida a dádiva de a tudo nomear, temos em Yasawi suprema baliza, que ao perceber o fulgor da realidade, nos trouxe com clareza o lumiar da verdade, transmitindo-nos rara oportunidade de imergir no amor, compreendendo-o no símbolo da experiência existencial, nos versos que dimanam de *Diwan-i-Hikmat*, seu Compêndio de Sabedoria. Força, vigor, serenidade, paz-ativa, vivaz, chamados que fazem a alma vibrar, qual como puro e livre é o galope selvagem przewalski.

Ao longo da vida, o místico Mestre de Sabedoria Sufi do Cazaquistão dedicou plena atenção às práticas religiosas, cuidando, no mais, de a tantos ensinar acerca da unidade, tolerância, fraternidade e do amor universal, altruísmo e gentileza, cujas virtudes eclodem, a partir do verdadeiro e profundo arrependimento, que nos impulsiona, do bordejo, à completa entrega, Àquele que é Sumo Mistério. Fazia, também, colheres de pau, cuja oferta propiciava sustento temporal, porque nunca foi dado a olvidar à própria mantença.

Entrado já aos 63, retirou-se dos olhos do mundo e se deu à contemplação, cavando na terra uma cela, onde passou os dez anos seguintes. Partiu deste plano, em 1166 d.C., apontando, no registro histórico, a graça em Turquistão, onde ainda se encontra o seu mausoléu. Deixa um legado que rompe as idades, iluminando sábios da grandeza de Rumi, fomentando a busca e alentando o porvir, com uma magna lembrança de nossa origem divina.

É, com imensa alegria que ora se apresenta, ao público brasileiro, a fulgência de Khoja Ahmed Yasawi, o Mestre de Sabedoria Sufi do Cazaquistão. Poeta, místico, fundador da linhagem espiritual Yasawya, primeiro escritor a desvelar o coração do islã em turco, cuja história hoje se nos sorri e aqui aporta, em língua portuguesa, por conta do belo trabalho do escritor, pesquisador, conferencista, sufi, Osvaldo Condé.

Que a potência da vida divina, realizada e compartilhada por Yasawi, possa também nos inspirar, fazendo reverberar a presença sempiterna do amor universal, cujos laços invisíveis permeiam todos os seres e unem terras tão distantes, como Cazaquistão e Brasil, mas que, antes, acolhem a mesma e única Verdade. Deus Vivo em um Coração!

Otavio Ernesto Marchesini

Presidente da Sociedade Teosófica no Brasil

PREFÁCIO

É uma imensa honra poder prefaciar um livro daquele que, para mim, é um dos maiores estudiosos e pesquisadores do islamismo, constituindo-se, com legitimidade, numa autoridade para tratar do tema.

O autor desta obra é Osvaldo Condé, um escritor, erudito notável e profundo estudioso do islamismo, dedicou sua vida à busca incansável de conhecimento e compreensão das tradições sufi. Sua paixão pela sabedoria mística, sua devoção à espiritualidade e sua sensibilidade são evidentes em cada página deste livro, refletindo não apenas um profundo respeito pela tradição, pela poética mística, mas também uma profunda conexão com os ensinamentos do sufismo. Sua erudição, sensibilidade e *insight* oferecem uma perspectiva única e esclarecedora sobre os mistérios e a beleza contida na vida e obra do poeta sufi, Ahmed Yasawi, inspirando todos aqueles que buscam a compreensão do sutil, do sagrado, através da arte.

Nas páginas deste livro, o autor mergulha em um universo de poesia e espiritualidade, guiado pela vida e obra do ilustre poeta sufi Ahmed Yasawi. Este mestre da palavra e do coração, cuja influência transcendeu fronteiras geográficas e temporais, nos convida a uma jornada de autoconhecimento e conexão com o divino.

Ahmed Yasawi, com sua poesia profundamente enraizada na tradição sufi, nos conduz por caminhos de contemplação e reflexão, revelando os mistérios do amor, da fé e da busca pela verdade interior. Suas palavras ecoam através dos séculos, tocando os corações daqueles que buscam a essência da existência e a união com o Criador.

Neste livro, o autor explora não apenas a poesia sublime de Ahmed Yasawi, mas também sua vida e legado, que continuam a inspirar e iluminar os buscadores espirituais de todas as épocas.

Que esta obra desperte, em cada leitor, a chama da busca interior, e a inspiração para trilhar o caminho da verdade e do amor, seguindo os passos de Ahmed Yasawi, o poeta sufi cuja luz brilha eternamente no firmamento da poesia mística. Que seja uma porta de entrada para o universo fascinante do sufismo e uma homenagem sincera a um dos grandes mestres da tradição sufi.

Ulisses Riedel de Resende
Presidente do Fórum da Amizade Cazaquistão-Brasil
Presidente da Fundação União Planetária

SUFISMO, O CORAÇÃO DO ISLÃ

A]s tradições abraâmicas manifestas nos povos dos livros e nas suas religiões: judaísmo, cristianismo e islã, por ordem de aparecimento e revelação, tem desde o início um aspecto interior ou esotérico: No judaísmo, a *kaballah*; no cristianismo, os essênios e gnósticos; no islã, o sufismo.

O islã, nascido no século VII, confirma esta tendência desde os seus primórdios, quando o profeta Mohamed (A paz esteja com ele e os seus!)[2], conhecido como Maomé no Ocidente, ensinava, em particular, um grupo de companheiros fiéis. Foram estes os primeiros a receber o legado interior do islã, conhecido pela palavra árabe *tasawwuf* (esoterismo), e chamado no Ocidente de sufismo. Mas o surgimento "oficial" dos sufis se manifestou por volta do século X da nossa era. Nas palavras do Imam Abu Hamid Al Ghazali,[3] o grande reformador islâmico que reconheceu a validade do sufismo como aspecto interior do islã e lutou por este reconhecimento:

"Eu sabia com certeza que eles (os sufis) são pessoas de estados[4], não pessoas de declarações."

Percebeu Al Ghazali que os sufis não eram meros intelectuais formados em *madrassas* (universidades/escolas), onde apenas o conhecimento intelectual ou filosófico era praticado e/ou valorizado. Já o historiador e filósofo islâmico, Ibn Khaldun[5], acreditava que os sufis tinham:

> (...) dedicação à adoração, dedicação total a Allah, o Altíssimo, desrespeito pelas elegâncias e ornamentos do mundo, abstinência do prazer, riqueza e prestígio procurados pela maioria dos homens, e retirar-se da presença dos outros para apenas adorar. (Ibn Khaldun *apud* KELLER, 1995)

A palavra "sufismo" seria derivada da palavra árabe *suf* (lã), material com que era feito a roupa dos adeptos. Essa forma de viver e pensar teve seu surgimento na península arábica. Outra possível origem para termo *sufi* seria *Ahl al Suffa*, o povo da varanda, fiéis que viviam à volta da Mesquita de Medina, do Profeta Mohamed (*Swa*) e teriam ensinamentos privados com ele. No sufismo, como é popularmente conhecido o *tasawwuf*, o conhecimento é transmitido de mestre a seus discípulos, após a *bayyah* (iniciação). Em persa, também é utilizado o termo *irfan* (gnose) para definir o conceito de sufismo. Sufismo é considerado a ciência de purificação do coração.

O *murid* (aluno/discípulo) passa por diferentes formas de treinamento que envolvem visualização, práticas respiratórias, dança, música, recitação dos nomes sagrados de Allah (Deus), jejuns, entre outros. As práticas e exercícios podem variar de escola para escola. Estes treinamentos são dados por um *murshid* (mestre) ou xeique, dentro de uma *tariqah* (escola) formatada em uma *silsilah* (linhagem) que passa de mestre a discípulo através do tempo.

A partir das traduções dos textos originais, feitos pelos orientalistas ocidentais, o meio acadêmico começou a olhar com atenção para o sufismo.

> A primeira pesquisa do sufismo em inglês foi de Nicholson em 1914. Cerca de sessenta anos depois, Annemarie Schimmel publicou *Mystical Dimensions of Islam*. Isso demonstra quanto tempo demorou a ponto de ter traduções, edições críticas e estudos de místicos individuais disponíveis para que uma apresentação mais detalhada da história do sufismo pudesse ser feita.
>
> Knysh (2000) e Sedgwick (2000) adotam abordagens históricas para apresentar o sufismo, enquanto Ernst (1997) enfatiza temas e teoria religiosa e cultural. Chittick e Sachiko (1994) e Chittick (2000) adotam uma abordagem mais filosófica e tentam oferecer uma perspectiva interna.[6]

As definições de sufismo e suas origens ligadas diretamente ao aparecimento do islã são temas de debates até mesmo entre acadêmicos. As raízes dessa ciência do autoconhecimento inegavelmente são islâmicas, em todas as possibilidades conceituais, ainda que a terminologia não tivesse expressa explicitamente no tempo do profeta Mohamed (*Swa*). Mas o conceito ascético e a busca do divino sempre esteve presente. Muitos sábios, xeiques, e acadêmicos tentaram definir o sufismo[7]:

"Sufismo é adquirir todos os traços de caráter sublimes e expulsar todos os traços de caráter inferiores."

"Sufismo é estar atento aos próprios estados internos e aderir às boas maneiras."

Abu Muhammad al-Jurayr

O sufismo leva o discípulo ao autoconhecimento através de estados passageiros de consciência (*ahwal*) até atingir estados mais permanentes ou estações (*maqamat*). Naturalmente tais processos devem ser acompanhados por instruções de um mestre espiritual abalizado dentro da tradição e de uma escola. E como começa esse caminho?

> O caminho (*ṭarīqah*) começa com o arrependimento. Um guia místico (xeique ou *pir*) aceita o buscador como discípulo (*murid*), ordena-lhe que siga estrita práticas e sugere certas fórmulas para meditação. Diz-se que o discípulo deve estar nas mãos do mestre "como um cadáver nas mãos do lavador". O mestre ensina-lhe a constante *jihad*[8], ou luta (a verdadeira "Guerra Santa"), contra a alma inferior, muitas vezes representada como um cão preto, que não deve, no entanto, ser morto, mas meramente domesticado[9] e usado à maneira de Deus. O místico reside em diversas estações espirituais (*maqām*), que são descritos em sequências variadas e, após o arrependimento inicial, compreendem abstinência, renúncia e pobreza — de acordo com o ditado de Maomé (*Swa*): "A pobreza é o meu orgulho"; a pobreza era por vezes interpretada como não ter interesse em nada além de Deus, o Rico, mas o significado concreto da pobreza prevalecia, razão pela qual o místico é muitas vezes denotado como "pobre", faquir ou *dervixe*. A paciência e a gratidão pertencem às etapas mais elevadas do caminho, e o consentimento é a aceitação amorosa de cada aflição.[10]

AS MAIS CONHECIDAS ESCOLAS SUFIS

Existem várias escolas sufis, cada uma fundada ou inspirada diretamente no trabalho e visão de um mestre, que pode enfatizar determinados aspectos ou métodos de aproximação do sagrado. Dentre as escolas sufis mais conhecidas podemos citar:

Chishti: Iniciada por Abu Ishaq Shami (852-940), por volta de 930 d.C., em uma cidade chamada Chisht, que deu origem ao nome da ordem. Chisht é situada nas proximidades de Herat , uma cidade estratégica na então Pérsia Oriental, que mais tarde se tornou independente e depois parte do Afeganistão.

> A Ordem Chishti é conhecida por sua ênfase no amor, na tolerância e na abertura. A Ordem Chishti é seguida principalmente no Afeganistão e no subcontinente indiano. Foi a primeira das quatro principais ordens sufis (Chishti, Qadiri , Suhrawardi e Naqshbandi) a ser estabelecida nesta região. Khwaja Muinuddin Chishti introduziu a Ordem Chishti em Ajmer (Rajastão, Índia) em algum momento em meados do século XII. Ele foi o oitavo na linha de sucessão do fundador da Ordem Chishti, Abu Ishaq Shami. Existem agora vários ramos da ordem, que tem sido a mais proeminente irmandade sufi do sul da Ásia desde o século XII.[11]

Yasawya: A Ordem Yasawya é a primeira ordem sufi turca, baseada nos ensinamentos do *Mestre de Sabedoria*, Ahmed Yasawi (1093-1166), que detalharemos nos próximos capítulos, personagem central desta obra. Yasawi foi discípulo de Yusuf Hamadani (1048-1140) e um pioneiro do misticismo popular, tendo sua ordem se espalhado rapidamente pelas regiões de língua turca.[12]

Suhrawardi: Fundada pelo mestre espiritual Abu al-Najib Suhrawardi (1097-1168), cuja ideologia foi inspirada no místico persa Junayd de Bagdá (830-910). "Sem uma estrutura centralizada, acabou por se dividir em vários ramos. A ordem foi especialmente proeminente na Índia."[13]

É uma ordem muçulmana de místicos sufis conhecida pela severidade de sua disciplina espiritual. Posteriormente foi desenvolvida por seu sobrinho *ʿUmar as-Suhrawardī*. As orações rituais da *dhikr* (ordem) são baseadas em milhares de repetições de sete nomes de Deus, identificados com sete *laṭāʾif sabʿah* (espíritos sutis) que, por sua vez, correspondem a sete luzes.[14] Suhrawardi era uma pessoa proeminente de seu tempo, de caráter exemplar e piedoso adorador.[15]

Qadiri: A Ordem Qadiri foi fundada com base nas obras e ensinamentos de Abd al-Qadir al-Jilani (1078-1166), uma das mais antigas ordens sufis e dependente da adesão à lei islâmica sunita. Ele nasceu na cidade de Na'if, Rezvanshahr em Gilan, Irã, e morreu em Bagdá.

> A ordem floresceu, sobrevivendo à conquista mongol de Bagdá em 1250, e permaneceu uma influente instituição sunita. A história de Jilani foi ainda mais divulgada por um texto intitulado *A Alegria dos Segredos nos Atos Misteriosos de Abdul-Qadir*, atribuído a Nur al-Din'Ali al-Shattanufi, que descreveu Jilani como o canal final da graça divina e ajudou a Ordem Qaadiri a se espalhar muito além da região de Bagdá. A ordem ramificou-se também em países de língua não árabe.[16]

Rifaya: Baseada nos ensinamentos do xeique Ahmad al-Rifa'i (1119-1182). Ele seria primo do grande sufi Abd al-Qadir al-Jilani. Durante sua vida, presume-se que ele teria protagonizado muitos milagres.

> É uma ordem sufi (*tariqa*) dentro do Islã sunita fundada por Ahmad al-Rifa'i. Teve seu maior número de seguidores até o século XV, quando foi ultrapassada pela Ordem Qadiri. É comumente encontrada no Oriente Médio Árabe, e também na Turquia, nos Bálcãs e no sul da Ásia.[17]

Shadhili: A ordem tem seu nome derivado do xeique Abu'l-Hassan ash-Shadhili (1196/1197–1258), um proeminente *murid* (seguidor) do líder espiritual Mashish.

> O xeique Abu'l-Hassan ash-Shadhili nasceu de uma família de camponeses em Ghumara, próximo a Ceuta no norte do Marrocos. Ele estudou os princípios da Lei Islâmica (*fiqh*) na Universidade Qarawiyyin em Fez, e posteriormente viajou a muitos países. No Iraque, ele conheceu o xeique sufi Wasiti, que lhe disse que retornasse a seu país onde ele podia encontrar Moulay Abus-Salam Ibn Mashish, o grande líder espiritual marroquino. Ele o fez, e se tornou um seguidor deste mestre espiritual que o iniciou no caminho da lembrança de Allah.

O xeique Abu'l-Hassan ash-Shadhili viajou do Marrocos à Espanha e por fim radicou-se em Alexandria, no Egito. Mais tarde em sua vida, sempre que questionado sobre quem era seu mestre espiritual, ele respondia: "Eu era *murid* (seguidor) de Moulay Abus-Salam Ibn Mashish, mas não sou mais o *murid* de nenhum mestre humano". (...) Ele ensinou seus seguidores a levar uma vida de contemplação e lembrança de Allah ao mesmo tempo que desempenhavam suas atividades diárias. Ele não gostava de iniciar aspirantes, a não ser que a pessoa já tivesse uma profissão. Aconselhava seus seguidores a praticar os ensinamentos do Islã em suas próprias vidas e transformar suas existências.[18]

Mevlevi: É o nome dado a ordem dos *dervixes* rodopiantes turcos, fundada no século XII e baseada nos ensinamentos do grande poeta sufi de língua persa Jalal ud-Din Mohamed Rumi (1207-1273), muito conhecido no Ocidente. Nascido no Afeganistão e enterrado em Konya, na Turquia, sua obra de maior referência é o Masnavi.

A ordem tornou-se bem estabelecida no Império Otomano ao se relacionar com os sultões. Principalmente quando Devlet Hatun, uma descendente do próprio Rumi, casou-se com o sultão Bayezid I. Seu filho Mehmed I Çelebi tornou-se o próximo sultão, dotando a ordem, assim como seus sucessores, com muitos favores. Muitos dos membros da ordem serviram em várias posições oficiais do califado. E sob seu patronato, ela se espalhou pelos Bálcãs, Síria, Líbano, Egito e Palestina, especialmente em Jerusalém.

A Ordem Mevlevi assim como todas as demais ordens sufis do Islã, era politicamente ativa, com seus membros participando de todos os deveres sociais islâmicos, a incluir a própria *jihad*[19] (guerra santa).[20]

Bektashya: Foi fundada pelo santo islâmico Haji Bektashi Veli (1209-1271), é considerada um ramo distinto do xiismo duodecimano[21].

A Ordem Bektashya foi muito influenciada, durante seu período de formação, tanto pelo missionário hurufita, Ali al-'Ala, como pelo movimento sufi qalandar, que assumiu diversas formas na Anatólia do século XIII. A ordem foi reorganizada pelo sultão Balim, no século XVI. A veneração do Imam Ali (*As*), genro do Profeta (*Swa*), é central à fé bektashi. Essa ordem tem grande número de seguidores na Macedônia.[22]

Naqshbandi: O nome é derivado do Sayyid Baha-ud-Din Naqshband Bukhari (1318–1389).

Os mestres Naqshbandi traçam sua linhagem até o profeta islâmico Maomé (*Swa*) através de Abu Bakr, o primeiro califa do Islã sunita e Ali, o quarto califa do Islã sunita. É por causa desta linhagem dupla através de Ali e Abu Bakr através do 6º Imam Jafar al Sadiq que a ordem também é conhecida como a "convergência dos dois oceanos" ou Ordem Sufi de Jafar al Sadiq.[23]

Mujaddidi: Surge a partir de renovação nos ensinamentos advindos da Ordem Naqshbandi.

No final do século XVI, o xeique indiano Ahmad Faruqi Sirhindi (1564-1624) da Ordem Naqshbandi reafirmou a importância da *shariah* num esforço para neutralizar a propagação de práticas não islâmicas entre os círculos muçulmanos e sufis da Índia. Por esse esforço, ficou conhecido como *Mujaddid Alf-i thani*: "renovador do segundo milênio". Devido à importância de suas reformas nos ensinamentos Naqshbandi, seus descendentes espirituais ficaram conhecidos como uma nova ordem, os Mujaddidi.[24]

Tijania: Leva este nome em homenagem ao xeique Ahmad al-Tijani (1737-1815), é uma importante ordem sufi principalmente no continente Africano.

Essa ordem sufi já se espalhou por todo o mundo, com grandes comunidades Tijanis encontradas hoje em Marrocos, Argélia, Mauritânia, Egito, Senegal, Gana, Nigéria, Níger, Chade, Sudão, África do Sul, Indonésia, América e outros lugares incluindo o Brasil.[25]

Quando jovem, Tijani, fundador da ordem, continuou na tradição acadêmica de sua família e cidade:

> memorizando o Alcorão aos sete anos antes de se voltar para o estudo da jurisprudência (*fiqh* e *usul al-fiqh*), tradições proféticas (*hadith*), explicação do Qur 'Um (*tafsir*), recitação do Alcorão (*tajwid*), gramática (*nahw*) e literatura (*adab*), entre outros ramos das ciências islâmicas tradicionais. Depois de dominar todos essas ciências em uma idade muito jovem, o xeique se tornou aos vinte anos *Mufti* (um erudito licenciado para emitir decisões legais), no entanto sua sede por mais conhecimento o levou a deixar a cidade sua cidade natal, indo para a cidade de Fes no Marrocos. Deste modo, com 21 anos de idade tinha uma sólida formação religiosa e obteve diplomas que o autorizavam a ensinar ciências islâmicas. xeique Tijani se sentiu atraído por diversas *turuq* (plural de *Tariqah*) ou ordens sufis como a Qadiriyya e a Nasiriyya. Um *Wali* chamado Muhammad bin al-Hasan al-Wankhili predisse que ele alcançaria uma plenitude espiritual no deserto.[26]

Muridya: Fundada pelo xeique Ahmadu Bamba (1850-1927), é uma ordem de grande importância no Senegal e está presente em vários outros países, incluindo França, Inglaterra e EUA. O túmulo de Ahmadu Bamba em Touba, no oeste do Senegal, é um importante local de peregrinação.[27]

Ahmadu Bamba veio de uma família de *Wolof Ulama* (homens eruditos muçulmanos) no período pré-colonial do reino de Bawol no centro-oeste do Senegal, tendo crescido:

> em um período de turbulência nos estados *wolof* marcados pela intensificação e supressão do comércio de escravos, guerras civis e invasão colonial francesa. Ele deixou sua terra natal aos 12 anos para seguir seu pai, que era *qadi* (juiz muçulmano) e conselheiro dos reis wolof nos estados de Saalum e Kajoor. Bamba foi atraído pelo sufismo ou pelo Islã místico em tenra idade e ficou cada vez mais crítico do envolvimento de seu pai com os governantes locais. Após a morte de seu pai em 1883, herdou a escola da família, mudou-se para Bawol e se envolveu em um novo tipo de ensino fortemente influenciado pelas ideias sufis. Na tradição dos místicos muçulmanos, ele enfatizou a distância social e geográfica dos

detentores de poder temporal, a educação da alma, o trabalho duro e a estrita submissão ao xeique (guia espiritual).

Em 1889, ele atraiu um grande número de seguidores e sua crescente popularidade nas províncias recém-conquistadas de Bawol de Kajoor incomodou os franceses e seus auxiliares africanos. No mesmo ano, ele começou a construir uma escola e comunidade religiosa em Touba, uma aldeia que ele fundou em um local estrategicamente localizado que faz fronteira com os reinos de Bawol, Kajoor, Jolof e Saalum, e que agora se tornou a cidade sagrada dos Muridiyya. Entre 1895 e 1912, Bamba foi alvo da crescente repressão francesa que o enviou para exílios na África Equatorial e Mauritânia e para prisão domiciliar no Senegal.

O Muridiyya cresceu dramaticamente durante este período de conflito político e tensões e sua popularidade foi aumentada ainda mais quando seu líder foi enviado de volta para sua terra natal, Bawol, em 1912. [28]

Alawya: Ordem estabelecida em 1914, possivelmente em homenagem ao quarto califa, Ali *(As)*, genro do profeta Maomé *(Swa)*.

O xeique Ahmad al Alawi (Mostaganem, Argélia, 1869-1934) foi um dos últimos grandes representantes da mística islâmica no mundo contemporâneo. Foi o fundador de uma das mais importantes confrarias sufis contemporâneas, a Darqawia Alawia, ramo da Ordem Shadhilia, originária do século XIII, e o *qutub* "polo espiritual" ou principal santo de uma época, no caso a primeira metade do século XX). Al-Alawi teve alguns seguidores europeus, entre eles Frithjof Schuon e Martin Lings; este último escreveu sua aclamada biografia *A Sufi Saint of the Twentieth Century*.[29]

Naqshbandi Haqqani: Foi estabelecida por xeique Hisham Kabbani (1945-) com base nos ensinamentos do 40º imã da Cadeia Dourada Naqshbandi, xeique Nazim Adil al-Haqqani. A missão da Ordem Sufi Naqshbandi Haqqani é difundir os ensinamentos sufis da irmandade da humanidade, e da Unidade da crença em Deus que está presente em todas as religiões e caminhos espirituais. Baseado nesse fundamento, Kabbani aconselha os líderes muçulmanos a construírem a resiliência da comunidade contra o extremismo violento.30

CONTEXTO HISTÓRICO

Ahmed Yasawi (1093–1166) viveu no final do século XI início do séc. XII, período em que aquela região da Ásia central passava por grandes transformações políticas, militares e culturais. A rota seda ficava na borda sul do atual Cazaquistão, além de outras rotas comerciais importantes. Isso deu origem a inúmeras cidades e vilarejos.

A arquitetura urbana desta época era uma combinação única de tradições culturais nômades e influências arquitetônicas islâmicas, levando à criação de monumentos notáveis, como o mausoléu de Khodja[31] Ahmed Yasawi, mausoléu de Arystan Bab e mausoléu de Aisha Bibi, que sobreviveram até hoje. No geral, o primeiro milénio d.C. foi uma época de grande desenvolvimento cultural e económico no Cazaquistão, com o surgimento de estados poderosos, grandes cidades, e uma cultura urbana única que combinava influências nômades e islâmicas.

A INVASÃO MONGOL E A HORDA DOURADA

Quando os mongóis invadiram aquela região, o Mestre Ahmed Yasawi tinha por volta 23 anos de idade. Foi uma devastação enorme em toda região, e todas as cidades que não se submetiam eram massacradas.

> No século XII, os ulus mongóis subjugaram toda a estepe turca. Jochi, filho mais velho de Genghis Khan, governou o leste de Desht-i-Kipchak, do Lago Balkhash à região do Baixo Volga. Chagatai, o segundo filho, governou o Turquestão e Jetysu, enquanto Ogedei, o terceiro filho, controlou a parte nordeste de Jetysu, Tarbagatai e algumas áreas no curso superior do rio Irtysh e no leste da Mongólia.
>
> Em 1227, Genghis Khan e Jochi faleceram, e o império foi fragmentado em vários canatos (palavra derivada de *Khan*, senhor em mongol). O Desht-i-Kipchak Oriental tornou-se parte da Horda Dourada, que foi estabelecida por Batu, neto de Genghis Khan. Naquela época, a maioria da população da Horda Dourada pertencia a tribos turcas, incluindo os *Kipchaks, Kangls, Naimans, Kereits* e *Konyrats.*

> Nos séculos XIV e XV, Timur[32] (Tarmelão) estabeleceu um poderoso império que abrangia o sul do Cazaquistão e a Ásia Central. Ele conquistou vastas áreas do Oriente Médio e do norte da Índia. Em 1391, Timur derrotou o exército da Horda, o que levou à divisão do estado mongol em duas partes: a Ak-Orda ocidental e a Kok-Orda oriental. A Kok-Orda foi posteriormente dividida em dois estados distintos: a Horda Nogai e o Canato Uzbeque.[33]

Ahmed Yasawi viveu num período de intensas mudanças, onde a nacionalidade turca estava sendo moldada, e as diversas influências culturais explicitadas pelas tribos, de forma que, sua contribuição na unificação e divulgação da língua cazaque/turca, foi de vital importância na unificação cultural/étnica. Todas estas reviravoltas de tribos e povos mais ou menos nômades, com suas peculiaridades culturais e influências persas, mongóis e islâmicas, deram origem ao Cazaquistão moderno. Tudo isso desembocou numa associação com a Rússia *czarista* e ainda passou pelo domínio russo e da herança da antiga União Soviética, até finalmente a sua independência em 1991.

O MESTRE DO MESTRE

"Em nome de Deus, começo minhas palavras,
Conferindo joias de conhecimento a mentes ávidas.
Com trabalho incansável, engoli o "sangue" amargo,
quem é aquele que desvendará este segundo roteiro de sabedoria?
Ninguém além de mim, Yasawi."[34]

Abū Ya'qūb Yūsuf al-Hamadānī, mais conhecido, simplesmente, como Yusuf Hamadani, era persa de nascimento, e viveu durante a Idade Média. Foi o primeiro a receber o título de *khwajagan*. Em épocas anteriores este título era dado ao *Wazir*, chefe dos conselheiros de um monarca. Entretanto, nos tempos de Yusuf, este posto não tinha mais valor político e nem era visto como tal. Ainda assim, as palavras de um *khwajagan* tinham muito peso.

Ele nasceu em Buzanjird perto de Hamadã entre 1048 e 1049 e faleceu em 1140, e foi o primeiro de um grupo de professores sufis da Ásia Central, conhecidos como *Khwajagans* (*Mestres de Sabedoria*). Seu santuário está em Merv, atual Turcomenistão. Se mudou de Hamadan para Bagdá quando tinha dezoito anos de idade e estudou na escola *Shafi'i* de *fiqh* (jurisprudência islâmica) sob a supervisão do mestre de seu tempo, o xeique Ibrahim ibn Ali ibn Yusuf al-Fairuzabadi. Ele manteve, em Bagdá, uma associação com o grande erudito, Abu Ishaq ash-Shirazi, que lhe deu maior deferência do que qualquer um de seus outros alunos, embora ele fosse o mais jovem.

Era um Hanafi Maturid (A Hanafita é uma das quatro principais escolas sunitas tradicionais (*madhabs*) de jurisprudência islâmica (*fiqh*). Seu epônimo é o estudioso Kufan do século VIII, *Abū Ḥanīfa na-Nu'man ibn Thābit*, um *tabi'i* de origem persa cujas visões jurídicas foram preservadas principalmente por seus dois discípulos mais importantes: Abu Yusuf e Muhammad al-Shaybani (*madhabs*) de jurisprudência islâmica (*fiqh*).

De acordo com Ibn Khallikan, Yusuf al Hamadani começou sua carreira religiosa com o cultivo das ciências religiosas, tornando-se um respeitado estudioso de *Hadith* (tradições e ditos do Profeta Mohamed) (*Swa*) e *fiqh* (leis), sendo um pregador popular em Bagdá. Era um jurisprudente tão brilhante que se tornou o *marja* (referência religiosa) de seu tempo para todos os estudiosos da área. Era conhecido em Bagdá, o centro do conhecimento islâmico, em Isfahan, Bucara, Samarqand, Khwarazm e toda a Ásia Central. Mais tarde, ele abandonou essas atividades, adotando um estilo de vida intensamente ascético e viajou para o leste, primeiro, se estabelecendo em Herat e depois, em Merv, onde sua tumba ainda existe (e é centro de peregrinações). Virou um asceta e se envolveu na adoração constante e *mujahada* (luta espiritual), instruído por xeique Abu 'Ali al-Farmadhi, associando-se com xeique Abdullah Ghuwayni e xeique Hasan Simnani. Ele nomeou quatro khalifas ou sucessores, um padrão que se repetiu por várias gerações sucessivas de *khwajagan*, incluindo Ahmed Yasawi e Khwaja Abdul Khaliq Gajadwani, o próximo elo na *Silsilah* Naqshbandi.

Sobre outras tradições religiosas, Yusuf Hamadani era conhecido por seu respeito e consideração às escolhas pessoais e pela não discriminação:

> Era imparcial em relação a todas as religiões e seu amor era universal e sentido por qualquer um que dele se aproximasse. Havia ainda magos (sacerdotes zoroastristas) em Bukhara, naquele tempo, que costumavam visitá-lo regularmente. Yusuf Hamadani disse: "Todos os homens sabem que o amor é o supremo poder que une homens a Deus, mas ninguém que não tiver se libertado do seu eu (ego) será capaz de amar." (BENNETT, 1983, p.123)

Além dos dois nomes mencionados acima, foram seus alunos e posteriormente mestres, formados por ele também: Khwaja Abdallah Barqi e Khwaja Hasan al-Andaqi.

A importância desse mestre (*Yusuf*) é muito grande, na medida que seu trabalho e ideias deram origem não só a linhagem dos *Khwajagans*, como também a três outras linhagens criadas por seus discípulos maiores:

- **Ordem Naqshbandyya:** de Baha-ud-Din Naqshband Bukhari
- **Ordem Bektashyya:** através de Luqman Perende e de A. Yasawi.
- **Ordem Yasawyya:** de Ahmed Yasawi.

Fariduddin Attar, em seu *Mantiq ut-tayr* (A Linguagem ou Conferência dos pássaros), presta homenagem a Yusuf Hamadan, citando-o. "Yusuf Hamadani era uma fonte no caminho das escolas (dos sufis) e nos olhos dos passageiros (viajantes da existência). Seu coração era puro e estava ciente dos perigos (deste mundo)." (KURBANOVA, 2022)

Das mãos e das influências espirituais do porte de Yusuf Hamadani vem a luz imbuída na *baraka* (bênção) dos *Mestres de Sabedoria* que deságua em Ahmed Yasawi do *Wally* (Amigo de Deus) dos povos turcos.

"Todos os homens sabem que o amor é o supremo poder que une homens a Deus, mas ninguém que não tiver se libertado do seu eu (ego) será capaz de amar."

Yusuf Hamadani

TRAJETÓRIA E FATOS PITORESCOS

Ahmed Yasawi foi um poeta sufi turco, um místico que desde jovem exerceu uma influência poderosa no desenvolvimento das ordens sufis em todo o mundo de língua turca. Yasawi, às vezes grafado Assawi ou Yesevi, é o mais antigo poeta turco conhecido que compôs poesia em língua popular. Ele foi um pioneiro do misticismo e fundou a primeira ordem turca sufi, a Yasawiyya ou Yeseviye, que muito rapidamente se espalhou por áreas dessa língua. Ele era um erudito Hanafi[35] como seu *murshid* (guia espiritual), Yusuf Hamadani.

Ahmed Yasawi, filho de Ibrahim, nasceu em Sayram no final do século XI. Ele perdeu seu pai aos sete anos de idade e foi criado por Arslan Baba. A essa altura, Yasawi já havia passado por uma série de altos estágios espirituais (Hall) e, sob a direção de Arslan Baba, o jovem Ahmed atingiu um alto nível de maturidade e lentamente começou a ganhar fama. Seu pai, Ibrahim, foi conhecido naquela região por realizar inúmeras façanhas e muitas lendas foram contadas sobre ele. Consequentemente, foi reconhecido que, também com respeito à sua linhagem, esse menino quieto e modesto que sempre ouvia sua irmã mais velha, ocupava uma posição espiritualmente importante.

Yasawi mais tarde mudou-se para Bucara e seguiu seus estudos com Yusuf Hamadani. Após a morte de Yusuf Hamadani, primeiro *'Abdullah Barki* e depois *Hassan-i Andākī* se tornaram o chefe do *khanqah* (templo sufi) de Hamadani. Yasawi se tornou o *Murshid* (chefe) da ordem Naqshbandi, quando *Hassan-i Andākī* morreu, em 1160. Ele então entregou esta posição a Abdul Khaliq Ghajudwani, sob o conselho de Hamadani, e mudou-se para a cidade do Turquestão a fim de espalhar o Islã na região.

Os poemas de Yasawi criaram um novo gênero de poesia popular religiosa na literatura turca da Ásia Central, e influenciaram muitos poetas em outros países. Yasawi transformou a cidade de Yasy no principal centro de aprendizado das estepes do Cazaquistão, e então se retirou para uma vida de contemplação aos 63 anos. Ele cavou para si uma cela subterrânea onde passou o resto de sua vida.

O erudito turco Hasan Basri Çantay observou:

> Foi um rei seljúcida quem trouxe Rumi, o grande poeta sufi, para Konya; e foi na época dos seljúcidas que Ahmed Yasawi, outro grande sufi, viveu e ensinou. A influência desses dois professores notáveis continuou até o presente.[36]

Yasawi também é mencionado por Edward Campbell (escrevendo como Ernest Scott) como um membro dos *Khwajagans*. Yesevi também influenciou o poeta turco Yahya Kemal Beyatlı, que disse: "Quem é este Ahmed Yasawi? Se você estudá-lo, encontrará nossa nacionalidade nele." (CONDÉ, 2023, p. 86-87)

Colheres e conchas como sustento

Sobre sua vida pessoal, conta-se fatos pitorescos. Ele não aceitava presentes pessoais, e trabalhava modestamente como artesão, fabricando colheres de madeira e conchas.

Os mestres sufis em geral sempre tiveram uma profissão, não vivendo de esmolas de discípulos. Uma história a respeito de Yasawi narra que ele colocava as colheres e conchas de madeira que confeccionava em uma cesta no lombo de um boi. O animal ia direto para cidade e andava pelas ruas. Assim que um comprador pegava uma concha ou colher, o animal ficava parado até que o comprador depositasse, em sua cesta, o valor correspondente. Se o comprador não depositasse o dinheiro correspondente na cesta, o animal seguia o comprador pela cidade até que ele o fizesse. No final do dia o animal voltava com as colheres restantes e os valores para casa. Assim, Ahmed Yasawi tirava seu sustento. Ele costumava dividir seu tempo em três partes. Na maior parte do dia, ele costumava ficar orando e se mantinha ocupado com a lembrança de Allah (*dhikr*, repetição dos nomes de Deus). Na segunda parte do dia, ele usava para ensinar as ciências esotéricas (sufismo) e exotéricas (*Shariah*) para seus discípulos. Na terceira parte de seu dia, ele fabricava colheres de pau, vendendo-as para se manter.

O caso das galinhas

Outra história interessante sobre sua juventude foi o caso das galinhas. Quando tinha por volta de dez anos, Ahmed estudava em uma escola (madrassa) e um dia o professor pediu aos alunos da sua turma que trouxessem uma galinha abatida, de forma que isso tivesse sido feito num momento que Deus não estivesse olhando. Os alunos, seguindo a orientação do professor, trouxeram no dia seguinte uma galinha ou frango abatido. Uns fizeram isso debaixo de uma mesa, outros, à noite, no próprio galinheiro, e outros dentro de um quarto fechado às escuras, assim por diante. Tudo isso na tentativa de esconder de Deus suas ações. Depois que todos apresentaram o "dever de casa" ao professor, por fim chegou Ahmed Yasawi com uma galinha debaixo do braço, mas com uma diferença: ela estava viva! Ao ser questionado pelo professor frente aos outros alunos, respondeu:

Não consegui achar um lugar onde Deus não pudesse enxergar!

Foi de pronto elogiado pelo professor que, desde antes do acontecido, já percebia a inclinação espiritual do aluno.

Ahmed Yasawi, seguindo o exemplo de seu mestre, respeitava as pessoas de religiões diferentes da sua, e dizia aos muçulmanos para terem paciência com os adeptos de outras crenças:

"Se você encontrar uma pessoa de outra religião, não o ofenda. Deus evita os homens de coração cruel, as almas dos ofensores."

O intelectual e o mestre

Outra história é sobre as relações do Mestre Yasawi com um famoso intelectual, que lembra aspectos da vida de Yunus Emre (c. 1238-c.1320), outro poeta turco e sufi de alto nível, e governante de uma província. Yunus tornou-se discípulo do Mestre Taptuk Emre (posterior a Yasawi) e, quando chegou na *Dargah* ou *Tekia* (centro sufi), seu mestre lhe ofereceu uma incumbência, ao que ele prontamente aceitou. Imaginava que iria dar aulas de leis ou tradições aos outros discípulos. Qual não foi sua surpresa quando o mestre revelou o seu trabalho: limpar as acomodações e as latrinas!

Percebendo a arrogância intelectual de Yunus, seu mestre lhe deu uma frase, como se fosse um *zikr* (repetição de nomes sagrados) para responder a toda e qualquer pergunta que lhe fosse efetuada: "Eu não sei!"

Assim, o ego de Yunus foi diminuindo; que frase mais humilhante para um intelectual do que ser obrigado a dizer: "Eu não sei!", para toda pergunta, por mais ridiculamente fácil que fosse a resposta?

Na vida do Mestre Ahmed Yasawi, ocorreu uma situação semelhante, envolvendo os *karamat* (poderes espirituais) que notadamente ele possuía. Havia um acadêmico chamado Imam Marwazi (Marghazi) que morava na cidade de Urgenc em Harazm. Marwazi ouviu alguns rumores e fofocas inapropriadas sobre Ahmed Yasawi, provavelmente causados por inveja e ignorância do trabalho real que ele desempenhava. Acreditando nesses rumores, Marwazi decidiu ir até Yasawi com alguns amigos e seguidores para testá-lo e eliminar suas dúvidas, bem como repreendê-lo, se fosse o caso. Nessa época, era já de conhecimento público que Ahmed Yasawi tinha milhares de seguidores que muitas vezes compareciam aos seus sermões e/ou pregações. Marwazi pensou consigo mesmo: "Eu tenho na memória três mil problemas e questões. Posso fazer perguntas a ele sobre essas questões e assim testá-lo." Então se pôs a caminho. Naquele momento, o Mestre Ahmed Yasawi estava em seu templo e disse, voltando-se para o seu discípulo sufi Muhammed Danishmand: "veja quem está vindo".

Danishmand olhou (usando poderes espirituais) e respondeu que Marwazi estava reunindo-se com seus amigos que o acompanhavam e tinha na mente três mil perguntas. Por ordem de Yasawi, Muhammed Danishmand apagou um terço das três mil perguntas da memória de Marwazi. Então, Yasawi ordenou para o outro discípulo, Sulaiman Hakim Ata, que fizesse a mesma coisa que Muhammed Danishmand fez, apagando mais um terço das questões que Marzawi trazia na memória. Marwazi chegou com as mil restantes questões em sua mente à presença de Ahmed Yasawi e disse-lhe: "então você é quem está desencaminhando as pessoas?" O Mestre Yasawi não ficou chateado, nem deu resposta agressiva ou negativa. Apenas disse a Marwazi: "Fique conosco como nosso convidado por três dias, então poderemos debater." Passados três dias, um púlpito foi montado para o debate e Marwazi subiu nele. Então, Ahmed Yasawi ordenou que Hakim Ata apagasse as últimas mil questões que sobraram da memória de Marwazi. Hakim Ata orou a Deus e as mil questões restantes na mente de Marwazi foram dissolvidas. Marwazi, do alto do púlpito, tentou se expressar, mas percebeu que, estranhamente, não tinha nada na memória, por mais que se esforçasse. Ele queria abrir seus livros, verificar suas anotações e ler a partir daí, mas viu que todas as suas anotações também desapareceram. As páginas dos seus cadernos estavam em branco. Assim, Marwazi percebeu seu erro e arrogância, arrependeu-se, e notou que não estava lidando com um homem comum, que dominava as palavras, a dialética ou somente as leis. Reconhecendo o status espiritual de Ahmed Yasawi, ele tornou-se finalmente discípulo do mestre.

Essa história evidencia a humildade e o poder espiritual de Yasawi. Ele não interferiu diretamente na mente, nem nas anotações de Marwazi, mas enviou seus discípulos para agirem sob sua orientação. Se os discípulos eram capazes de manifestar tal poder na mente de um erudito, podemos imaginar o poder espiritual de seu mestre. Marwazi, por sua vez, ao se tornar discípulo do homem a quem propôs desafiar, revelou sinceridade de propósito por trás de sua vaidade intelectual, tendo, posteriormente, obtido um alto grau de desenvolvimento nessa escola.

O Mestre Ahmed Yasawi teve um filho chamado Ibrahim, que faleceu antes do pai. A linhagem familiar de Yasawi continuou através de sua filha Gever.

Sobre sua vida e feitos existem alguns livros:

> Um dos livros mais antigos que contém os ditos de Ahmed Yasawi é *Mir'at al-Qulub* do Sufi Muhammed Danishmand, escrito em Chagatai Turco. O livro mais antigo que consiste em narrativas (*manãqib*) sobre Yasawi é um tratado escrito em persa e atribuído a Husamaddin Sighnaqi (falecido em 711/1311). Ambos os trabalhos foram publicados pela Necdet Tosun. Ahmed Yasawi tornou-se uma das maiores figuras do sufismo na Ásia Central pelas suas opiniões expressas nos seus *hikmats* e vida lendária. (TOSUN, 2018, p.22)
>
> O processo de divulgação dos ensinamentos de Yasawi andou de mãos dadas com a islamização das regiões das estepes da Ásia Central. Durante a vida de Khodja Ahmed Yasawi, seus discípulos incluíram 12.000 eleitos e 99.000 pessoas de 26 regiões. Ele tinha 40 *khanaqah-chillahan* ("centros sufis", uma instituição para 40 dias de retiro para um treinamento ritual sufi) na cidade de Yasi, na qual muitos seguidores vindos de todas as partes do mundo turco estudavam.[37]

Antes da morte de Ahmed Yasawi, ele deixou uma linhagem que prosseguiu na divulgação de seus ensinamentos, sendo quatro os principais sucessores: Mansur Ata, Said Ata, Sulayman Ata e Hakim Ata. E cada um destes discípulos tiveram novos alunos, assim sucessivamente, até chegar nos nossos dias.

A LINHAGEM SAGRADA

"Não embarque neste caminho sem orientação,
atenda a este apelo,
Com um Guia, progridam continuamente,
ó queridos amigos.
Através de etapas medidas, a jornada se desenrola,
A sabedoria de um guia, um farol,
permanece para sempre."[38]

Os ensinamentos transmitidos no sufismo têm uma relação direta entre mestre e discípulo, ou seja, entre *murshid* e *murid*. Esta relação tem seu início de conexão no Profeta Mohamed (*Saw*) ou Ali (*As*), genro do profeta. Esta *Silsilah* (Corrente de Iniciação) chama-se Árvore de Linhagem (*Shajrah'i Tayyaba*) e, quando um discípulo é iniciado (*bayat*), ele passa a fazer parte dessa corrente, recebendo não só instrução e exercícios, mas também a *baraka* (benção/poder espiritual) do mestre que o aceitou e da linhagem que ele representa. Estas linhagens asseguram que o indivíduo que se apresenta como mestre tem o estofo para isso, pois ele deve identificar os professores ou mestre com quem viveu e aprendeu. Diferentemente das universidades modernas, o convívio com os mestres é fundamental para que o mesmo possa acompanhar o progresso do discípulo, não só intelectualmente, mas em especial, espiritualmente.

Yusuf Hamadani, que foi mestre de Ahmed Yasawi, aconselhava seus discípulos: "Sede leal à autoridade e mantende a linguagem e comportamento com as quatro castas. Se todos souberem que só falas a verdade, ninguém vos tocará." (BENNETT, 1983, p. 130)

A linhagem sucessora dos chamados *Mestres de Sabedoria* inclui, entre outros, os seguintes e destacados mestres:

Yusuf Hamadani (1048-1140)

Foi o primeiro sufi a usar o título de *khwajagan*. Sua biografia é apresentada no capítulo 3 deste livro.

Abdul Khaliq Gujduvani (?-1179)

Ele era conhecido como o Xeique dos Milagres. Aquele que brilhava como o sol, e era o mestre das altas estações (níveis) de espiritualidade de seu tempo. Era um conhecedor perfeito *(carif kamil)* no sufismo, e talentoso no ascetismo. Ele é considerado a fonte desta honorável Ordem Sufi e a fonte dos *Khwajagans* (Mestres da Ásia Central).

Seu pai era xeique 'Abdul Jamil, um dos estudiosos mais famosos da época bizantina, tanto no conhecimento externo quanto interno. Sua mãe era uma princesa, filha do rei seljúcida da Anatólia. Abdul Khaliq nasceu em Ghujdawan, uma cidade perto de Bukhara, no atual Uzbequistão. Viveu a vida toda lá, até sua morte. Era descendente do Imam Malik (*R*). Em sua infância, estudou o Alcorão e seu *tafsir* (exegese), *'ilm al-Hadith* (o estudo das tradições proféticas), as ciências da língua árabe e a jurisprudência com o xeique Sadruddin. Depois de dominar *a Shariah* (as ciências jurídicas), ele passou para a *jihad an-nafs* (luta espiritual, contra os desejos e o ego), até atingir um elevado grau de pureza. Ele, então, se mudou para Damasco, onde fundou uma escola na qual muitos estudantes se formaram. Cada um se tornou um mestre de *fiqh* e *hadith*, bem como de espiritualidade, tanto nas regiões da Ásia Central, como no Oriente Médio.

Ele foi o primeiro nesta honrosa Ordem Sufi Naqshbandi a usar o *Dhikr* Silencioso[39] e foi considerado o mestre dessa forma de *Dhikr*. Quando seu xeique espiritual, al-Ghawth ar-Rabbani, Yusuf al-Hamadani, veio para Bukhara, ele passou seu tempo servindo-o. Ele disse: "Quando eu completei 22 anos de idade, o xeique Yusuf al-Hamadani ordenou que Khidr continuasse a me criar e a ficar de olho em mim até minha morte."[40]

Khwaja Ahmed Yasawi (1093-1166)

Foi *murid* (discípulo) de Yusuf Hamadani e alvo central de nossa biografia.

Baha-ud-Din Naqshband Bukhari (1318-1389)

Baha al-Din nasceu em março de 1318 na aldeia de Qasr-i Hinduvan, que ficava a um *farsakh*[41] da cidade de Bukhara. E faleceu em 1389, como a maioria da população sedentária da região. Baha al-Din era tadjique, ou seja, falante de persa e participante de sua cultura.[42]

Considerado o fundador da *Tariqah* Naqshbandya, tem uma importância fundamental na linhagem dos *Mestres de Sabedoria*.

> Sayyidina Shah Bahaudin Naqshband al-Uwaysi al-Bukhari recebeu o *dhikr* silencioso da presença espiritual (*ruhaniyya*) de Khwaja Abdul Khaliq Ghujdawani. Ele não o encontrou fisicamente porque havia cinco xeiques entre eles na Cadeia Dourada.[43]

O seu túmulo em Bukara, no atual Uzbequistão, é um importante centro religioso e é muito visitado por turistas e discípulos da ordem que está espalhada em vários países do Oriente Médio, Ásia e Europa.

Khwaja Ubaidullah Ahrar (1404–1490)

"Cada um entra por uma porta diferente; eu entrei nesta Ordem Espiritual pela porta do serviço"

Nāṣir ad-Dīn ʿUbaydullāh Ibn Maḥmūd Ibn Shihāb ad-Dīn, mais popularmente conhecido como Khwaja Ahrar, era um membro Hanafi Maturidi da Corrente Dourada da Ordem Espiritual Naqshbandi Sufi da Ásia Central. Ele nasceu em Samarcanda , uma cidade persa na Ásia Central, em uma família muçulmana. Ele nasceu, filho de Khwaja Mehmood Shashi bin Khwaja Shihabuddin. Seus antepassados migraram de Bagdá, e sua linhagem estava ligada a Abu Bakr Siddique pelo lado paterno, e Umar Farooq pelo lado materno.

Maulana Abdur Rahman Jami foi seu discípulo. Ele aprendeu e praticou os segredos da espiritualidade com seu pai e, mais tarde, com Khwaja Yaqub Charkh. Ele teve grande influência no império Mogol através de seu contato direto com Timur quando jovem, e com o avô dele, Timur, fundou a dinastia Mogol na Índia.[44]

Khwaja Ahrar é o autor também de um livro clássico sobre sufismo chamado *Risalah Waldiyah*.

> *"O sufismo exige que você carregue os fardos de todos e não coloque os seus sobre ninguém."*
>
> Khwaja U. Ahrar

Maulana Nur ad-Din Abd ar-Rahman Jami (1414-1492)

Nūr ad-Dīn 'Abd ar-Rahmān Jāmī (7 de Novembro de 1414 - 9 de Novembro de 1492), *Mawlanā Nūr al-Dīn 'Abd al-Rahmān* ou *Abd-Al-Rahmān Nur-Al-Din Muhammad Dashti,* ou simplesmente como Jami ou *Djāmī* e, na Turquia, como Molla Cami. Jami nasceu em Kharjerd, em Khorasan , em uma família persa. Ele era poeta de filiação sunita e sufi, seguidor da escola de Ibn Arabi e era um dos *Khajagans*. Tinha uma formação acadêmica superior, tendo estudado Aristotelismo, matemática, literatura persa , ciências naturais , língua árabe, lógica, retórica e filosofia islâmica na Universidade Nizamiyyah.[45] Escreveu muitos livros, entre eles: Haft Awrang , Tuhfat al-Ahrar , Layla wa Majnun , Fatihat al-Shabab, Lawa'ih, Al-Durrah al-Fakhirah. Jami pertencia à Ordem Sufi Naqshbandi.

Além dos mestres citados, muitos outros *khwajans* sustentaram a Ordem durante mais de quatrocentos anos, no final do que deram origem a muitas das ordens sufis modernas. "Entre estes discípulos eminentes podemos citar: Arif Riwgarawi (M.1259), Mahmud Faghnawi (M. 1272), xeique Zahid (M. 1296), Hajji Bektashi (M.1335), Azizan Ah Ramitani (M.1321), Muhamad Baba Samasi (M.1354), Sayyid Amir Kulali (M.1371) Umar Al Khawati (M.1397), Ala ad-din Attar(M.1400), Ali Jurjani (M.1413), Saad al Kashgari (M.1455), Sadr ad-din (M.1393), Ibrahim (M.1447), Hajj Bairam (M. 1430), e Shah Ismail (M. 1524)." (BENNETT, 1983, p.207)

PARTE DA LINHAGEM SAGRADA

Yusuf Hamadani (1048-1140)
Abdul Khaliq Gujduvani (? - 1179)
khwaja Ahmed Yasawi (1093-1166)
Baha-ud-Din Naqshband Bukhari (1318 - 1389)
khwaja Ubaidullah Ahrar (1404–1490)
Maulana Nur ad-Din Abd ar-Rahman Jami (1414-1492)

OS ENSINAMENTOS DOS *MESTRES DE SABEDORIA*

"Ó amigos, no contentamento do xeique,
encontrem o deleite de Deus,
Sua devoção assegura o favor de Deus,
brilhando intensamente.
Ele conhece os segredos através de trabalho e esforço,
Aqueles escravos devotados,
ligados a Deus para sempre."[46]

Hikmat - Yasawi

Como discípulo direto de Yusuf Hamadani e tendo transmitido a iniciação a Khwaja Abd al-Khaliq, Ahmed Yasawi estava familiarizado obviamente com os conceitos catalogados por al-Khaliq, dos mandamentos dos *Mestres de Sabedoria*:

MANDAMENTOS DOS MESTRES DE SABEDORIA

1. HOSH DAR DAM: Consciência durante a respiração

   A técnica de controle da respiração. Khwaja Bahauddin disse: "O fundamento externo dessa *tariqah* (escola) é a respiração." Não se deve inspirar em esquecimento, nem expirar em esquecimento.

   Comentário: Sintomaticamente, o sufi é definido como *Ibn Waqt* ou seja "filho do momento presente." Exercício de Auto-observação durante a respiração.

2. NAZAR BAR QADAM: Observar os passos

Deixe o buscador sempre estar atento durante sua jornada, seja qual for o tipo de situação que ele esteja passando; que ele não deixe que seu olhar seja distraído do objetivo de sua jornada.

Comentário: Plena atenção em atos, palavras e pensamentos.

3. SAFAR DAR WATAN: Viajar em sua terra natal

É uma viagem interior, o movimento das qualidades de digno de culpa ao de louvor. Outros se referem a esta regra como a visão ou revelação do lado oculto da *Shahada (Ashhadu an la ilaha ill-Alláh wa ashhadu an'na Muhammadan rasul Alláh)* "Eu testemunho que não há deus, senão Deus, eu testemunho que Mohamed (*Swa*) é o mensageiro de Deus".

Comentário: A vida é uma viagem do nascimento até a morte. E a viagem mais importante é a interior, o que acontece fora é reflexo do que acontece dentro de si.

4. KHALWAT DAR ANJUMAN: Solidão na multidão

O caminho do buscador, embora exteriormente ele esteja no mundo, interiormente ele está com Alláh. Os mestres da *tariqah* disseram: "Nesta *tariqah*, a associação está na assembleia, e a dissociação na *Khalwa.*" A prática semanal em conjunto é para que se possa realizar o *dhikr* em grupo.

Comentário: Estar no mundo sem ser do mundo. As práticas e orações são em conjunto, mas a solidão também faz parte do processo de auto-crescimento, que prima pela auto-observação. O *dhikr* ou *zikr* é a prática das repetições e invocações dos nomes de Deus (Allah) que são em número de noventa e nove. Cada um desses "Belos Nomes" faz referências às qualidades transcendentes de Deus.

5. YAD-KARD: Recordar, trazer à memória

Ambos, oral e mental. Estar sempre repetindo o *dhikr* revelado para que possa atingir a visão beatífica. Khwaja Bahauddin disse: "O objetivo no *dhikr* (ou *zikr*) é que o coração esteja sempre consciente de al-Haqq (Nome de Allah, A Verdade!), para que sua prática expulse a desatenção."

Comentário: Ressalta a importância do *zikr*, prática essencial na Escola Yasawya, fundada posteriormente por Ahmed Yasawi, além do *zikr* os encontros com o xeique em entrevistas particulares, para aconselhamento, são um destaque.

6. BAZ-GASHT: Restrição

A pessoa dizendo o *dhikr*, quando absorvido na repetição do coração da frase abençoada (*Shahada*),[47] deverá difundi-la com frases tais como (Allah, Tu és minha meta e Tua satisfação é meu objetivo), para ajudar a resgatar seus pensamentos das divagações. Outros mestres dizem que essa regra significa "retorno" ou "contrição", por exemplo, retorno a al-Haqq por meio da contrição *inkisar* (quebra do orgulho).

Comentário: O objetivo final é a volta ao mundo real, a meta é Allah.

7. NIGAH-DASHT: Plena atenção

Ir além da imaginação, não se prender à imaginação, estar atento ao efeito do que surge da repetição da frase abençoada, deixar que venha dela o que será observado.

Comentário: Estar atento às variações dos pensamentos e das tendências dos mesmos e ficar observando os efeitos das repetições das invocações dos nomes sagrados de Deus (*Zikr*)

8. YAD-DASHT: Recolhimento

Concentração na Presença Divina, na condição de *Dhawq (zoq)*, sabor sutil, antecipação intuitiva ou faculdade perceptiva, não usando qualquer ajuda externa.

Comentário: Se recolher exteriormente e observar interiormente as sutilezas e percepções. Somente quem experimentou um alimento sabe seu real sabor seja sutil, doce ou salgado.

REGRAS ADICIONAIS

As regras seguintes foram acrescidas por Baha udin Naqshbandi posteriormente.

9. WUQUF-E ZAMANI: Pausa do tempo

   Controlando como se está utilizando o próprio tempo. Se corretamente, e se for assim agradecer; ou incorretamente, e se for assim pedir perdão, de acordo com a lista das ações, pois verdadeiramente para Allah as boas ações dos virtuosos são as iniquidades de outros.

   Comentário: A forma com que se gasta o tempo, se esquecendo de Allah (Deus) e não observando os preceitos e ou recomendações dos mestres é um descontrole do uso do tempo.

10. WUQUF-E ADADI: Pausa dos números

    Checando que o *dhikr* do coração (recitação de nomes divinos e ou frases sagradas, no coração, silenciosamente) seja repetido o número requerido de vezes, tomando conta dos seus pensamentos errantes, dispersivos.

    Comentário: Assumir o controle dos pensamentos, não se dispersando, e executando os exercícios da forma que foi dada pelo mestre

11. WUQUF-E QALBI: Pausa do coração

    Formação da imagem mental de seu coração com o nome de Allah gravado nele, para enfatizar que o coração não tem consciência, nem outro objetivo que não Allah. Este é o significado da palavra *Naqshbandi* (*Naqsh* = gravado).

    Comentário: Utilização de técnica de visualização mental, que também aparece em outras tradições religiosas.

OS LIVROS

"Para aqueles que se curvam em oração,
abraçam a essência do jejum,
No caminho da Verdade, buscando a presença divina,
Este arrependimento, um vínculo compartilhado com
pares sinceros,
Em comunhão com as almas louvadas,
dirige silenciosamente.
'Khwaja' Ahmed, ó humilde servo, preste atenção a este
conselho com verdade, liberte-se da ignorância,
abrace também a autoconsciência,
Sobrecarregado de pecados, mais pesado que o cume de
uma montanha,
Descubra a si mesmo, busque a redenção, lute pelo melhor.
Sem vislumbrar a Face Divina de Deus,
você sentirá remorso,
Abrace Sua graça, encontre consolo,
trace um caminho justo."[48]

DIVAN-I HIKMAT

O principal livro de Khwaja Ahmed Yasawi é considerado o *Dīwān-i Hikmat,* também escrito *Divan-i Hikmat* ou *Divan-i Khikmet* (Compêndio de Sabedoria).

Hikmat ou *Hikmah* é uma palavra árabe que significa sabedoria, sagacidade, filosofia, raciocínio ou razão subjacente. Seyyed Hossein Nasr afirma que o termo árabe *hikmah* tem um significado distinto que não se alinha com a filosofia ou teologia europeia moderna. Pelo contrário, está mais intimamente relacionado com o conceito grego original de teosofia.

> Para Nasr, hikma também é sapiencial porque seu significado está relacionado à palavra latina *sapere* e à palavra árabe *dhawq*, ambas significando 'sabor'.[49]

Portanto, o texto de Ahmed Yasawi não é um mero livro de conhecimentos vulgares.

A Biblioteca Nacional da República do Cazaquistão conserva uma grande coleção de manuscritos do Khwaja Ahmed Yasawi e dos seus alunos. Estes manuscritos, que somam cerca de 1.400 páginas, estão escritos em chagatai, uma língua turca medieval.

A importância do *Divan-i Hikmat* ultrapassa o aspecto religioso, revela os valores de uma cultura e sua língua:

> *Divan-i Hikmat* não é apenas o monumento da literatura religiosa sufi, é um dos monumentos mais antigos escritos na língua turca. Muitos pesquisadores da cultura turca consideram que ela pode ser referida à tradição literária *Karakhanid*. As fontes desses poemas também são encontradas nas canções xamânicas dos nômades turcos. A linguagem do monumento contém os elementos *Kypchak*. O famoso *Divan-i Hikmat* é patrimônio comum do povo turco, os poemas foram transmitidos de boca em boca, de geração em geração, apelando às pessoas à honestidade, justiça, simpatia e paciência. Os documentos históricos testemunham o fato de que os *Hikmats* foram muitas vezes reescritos, editados e revistos. Os manuscritos de *Divan-i Hikmat* são mantidos principalmente nas bibliotecas de Tashkent, São Petersburgo e Istambul. No depósito do departamento de São Petersburgo do Instituto de Estudos Orientais da academia Russa de Ciências, existem 23 listas de *Divan-i Hikmat* que pertencem aos séculos XVIII-XIX. As listas de *Tashkent* são mantidas na coleção de manuscritos pertencentes ao Instituto de Estudos Orientais da Academia de Ciências do Uzbequistão, no Instituto de Manuscritos (56 exemplares). Estas cópias referem-se, principalmente, ao século XIX.
>
> Além dos manuscritos na cidade de Kazan, os poemas de Khodja Ahmed Yasawi foram publicados na grafia árabe. A edição mais completa contém 149 *Hikmats* de 1896, 1905. Atualmente, os *Hikmats* sobreviveram em muitas listas. Em diferentes períodos, os cientistas investigaram a vida e o trabalho criativo de Khodja Ahmed Yasawi, dedicando artigos ao genial poeta e filósofo. Durante as últimas décadas, os

> *Divan-Hikmat* foram reeditados diversas vezes tanto no nosso país como no estrangeiro. Este trabalho resume as principais disposições do Yasawi *Tariqah*. *Hikmats* pregou o Islã e contribuiu para uma maior disseminação do Islã entre as pessoas. As nações de língua turca nomearam *Divan-i Hikmat* como *Korani Turki*, visto que compreenderam o Alcorão através de *Hikmats* de Khodja Ahmed Yasawi, então os turcos começaram a nomear Khodja Akhmed como "Sultão *Khazret*" (Sultão Santo), e o Turquistão como a segunda Meca. *Hikmats* de Khodja Ahmed Yasawi pregaram o Islã e apelaram às nações turcas para uma unidade espiritual, soberania, estipulada para todas as condições necessárias para alcançar esses objetivos.[50]

Além do livro citado acima (sua obra de referência) outros títulos são conhecidos, tais como:

Fakrname

Publicado por Kemal Eraslan, o livro é muito mais uma introdução ao *Divan-i-Hikmat* do que um tratado separado. Escrito em turco Chagatai e atribuído a Yasawi, *Fakrname* está incluído em algumas das cópias do *Divan-i Hikmat* publicado em Tashkent e Kazan. "É um manuscrito de 5.000 palavras, cujas cópias estão preservadas nas Bibliotecas Nacionais de Tashkent, Dushanbe e Almaty. Consiste numa análise detalhada do caminho da salvação."[51] (ERASLAN, K.; TOSUN, N., 2016)

O texto começa com a descrição das 4 estações principais (*Shariah, Tariqah, Haqiqah, Marifah*) (SALA, 2018, p. 127), cada uma dividida em 10 subestações. O medo, o conhecimento e o amor são as forças que impulsionam o caminho, mas é a humildade (*tawasu*, sinônimo de entrega no *islamismo*) que, ao consistir na consciência da posição humana inferior a Allah, permite a progressão ao longo do caminho. Assim, o texto continua analisando o papel central da humildade no amadurecimento dos frutos das 40 subestações, agora listadas sob diferentes nomes e em ordem diferente: 10 estágios da *marifah*, 10 luminares da *shariah*, 10 caminhos da *tariqah* e 10 qualidades da *haqiqah*.

AS QUATRO ETAPAS OU ESTAÇÕES[52]

"A Shariah é a mãe e Tariqah, a mãe adotiva."
BULLEH SHAH (sufi do Paquistão)

Shariah: É a lei externa, fonte do comportamento social e das regras morais.

A *Shariah* é um termo árabe usado para designar a lei islâmica. Originalmente, referia-se a um caminho percorrido por camelos até uma fonte de água, um curso para um bebedouro ou resort de bebedouros. Portanto, significa o caminho livre ou a estrada a ser seguida. A palavra *shariah* ocorre uma vez no Alcorão: 'Nós colocamos você em uma *shariah* (forma) de comando, então siga-a'. (45:18).[53]

Tariqah: É o caminho ou via, e também uma escola espiritual. É considerado um dos raios da borda do círculo que converge ao centro.

A *tariqah* (pl. *turuq*) ou o caminho, geralmente conhecido como *tasawwuf*. Tendo trilhado completamente a *shariah*, as pessoas desejosas de maior elevação espiritual, tomam um caminho originado da *shariah*, que é chamado de *tariqah*, o caminho sufi ou místico.[54]

Haqiqah: É a verdade espiritual, o ponto no centro do círculo.

A palavra *haqiqah* significa realidade, ou o caminho que conduz à realidade última. Neste palco, o crente observa tudo com um coração encharcado de amor. A *haqiqah* é a soma total da *tariqah*. O Alcorão diz: 'E aqueles que recebem o Livro (a *Shariah*), certamente sabem que este é o haq (ou *haqiqat*), a realidade do seu Senhor.' (2:144), 'Ele revelou a você este Livro (a *Shariah*), que é o *haq* (realidade) e a confirmação'.[55]

Marifah: É o conhecimento/sabedoria que conduz ao centro da circunferência.

> A palavra *marifah* é um substantivo derivado do verbo *arafa* ou *i'tarafa* que significa pedir informações a alguém. Suas raízes, ao todo, com 71 formas diferentes, são usadas no Alcorão. Quando um animal se perde, 'um homem passa a reconhecê-lo' (*ya'tarifu-ha*). O Alcorão diz: 'Em verdade, não são os olhos que são cegos, mas cegos são os corações que estão no peito' (22:46). Transmite o caminho da *marifah* (gnose) para que as realidades e o reconhecimento sejam percebidos com os olhos dos corações.[56]

"A marifah é a percepção da existência da sua real ignorância diante da vontade e do conhecimento de Deus."

Junayd Baghdadi

Risala der Adab-i Tariqah

Este pequeno tratado persa, que contém algumas cópias de manuscritos em Tashkent, é sobre vários assuntos, como os costumes e graus na ordem sufi, as regras de relacionamento entre os discípulo e mestre, sendo um *dervixe*: conhecedor de Deus e divino amor. Foi traduzido para o turco cazaque e publicado por S. Mollakanagatuli em 2012 em Almaty.

Risala der Makamat-i Arba'in

É um pequeno manuscrito persa atribuído a Yasawi. Consiste de um total de quarenta estações e princípios sobre *Shariah*, ordem Sufi, gnose, e é sobre alcançar a verdade divina, dez estações e princípios relacionados a cada um desses tópicos. A única cópia conhecida deste livro é encontrado em Kütahya, Biblioteca Pública Distrital de *Tavşanlı Zeytinoğlu* (no. 1056, fol. 112a-113a). (TOSUN, 2018, p. 24)

Naturalmente, existem inúmeros textos compilados sobre Ahmed Yasawi, seus feitos e histórias, porém o livro em questão chama-se *Manaqib* (Contos e narrativas) um tratado escrito em persa e que é atribuído a Husamaddin Sighnaqi (falecido em 711/1311, ano da hégira).[57]

A POESIA[58]

"Antigamente, tanto jovens como velhos, carregavam
uma nobre graça, seu comportamento era reverenciado,
mas agora, algumas almas perderam o sentido de cuidado,
e a modéstia nas meninas e mulheres desapareceu.
O Profeta (Swas) uma vez falou uma verdade atemporal,
"Da Iyman (Fé), a verdadeira dignidade florescerá."
No entanto, nesta era, alguns corações perderam a raiz,
E atos vergonhosos encheram o espaço mundano.
Ó amigos, prestem atenção, pois a felicidade é encontrada,
Não de maneira desavergonhada, mas com
corações devotos.
Abrace a luz da fé que cerca,
e deixe que a verdadeira dignidade seja o que
apregoamos."[59]

A poesia do Mestre Ahmed Yasawi foi composta em um estilo chamado *Arbar* ou *Murabba*, que quer dizer "quatro", já que era composta através de quatro versos. Em seus poemas, ele usa uma linguagem figurada e/ou metafórica, fazendo referências a personagens islâmicos ficcionais e/ou históricos, caracterizando estes personagens ou os fatos que os envolveram, dando exemplos didáticos. Quando cita um Faraó, ele exemplifica a arrogância de se colocar como "Deus", a vaidade e o exercício equivocado do poder temporal. Quando fala do amante e da amada, ele estabelece um paralelo entre a alma humana e o Amado: Allah (Deus). Ao mencionar o Pir-e-Mughan está se referindo ao distribuidor de vinho... mas que vinho pode tomar um muçulmano, já que é algo considerado *haram* (proibido, vedado), pela *Shariah* (lei)?

Evidentemente, é um vinho metafórico. Este vinho é a verdade, do amor ao divino. Ao falar de Amor, seus poemas citam "Leila e Majnoon"[60], um clássico da poesia persa que descreve o amor desenfreado de Majoon (O Louco) por Leila. Um amor avassalador que oblitera qualquer coisa material que na presença de Leila perde todo o sentido e lógica. Assim é o amor da Alma por Deus.

É esse amor que faz a flauta chorar de saudade, do local onde foi arrancada, quando era uma *reles cana* (tipo de bambu), para ser transformada em instrumento musical, como é narrado no livro clássico de Rumi, *Masnavi*.

O som do *ney* (flauta turca) é suave e, ao mesmo tempo, lamentoso em muitas das composições musicais (que parece rememorar esta saudade das origens) e é muito usada nos rituais sufis como o *Sama*.[61]

As relações do homem com a natureza, e as relações interpessoais, foram sempre usadas como paralelismo transcendente das possibilidades da aproximação do homem com o sagrado.

> Cada aspecto da natureza foi visto em relação a Deus. O símbolo do pássaro-alma - no qual a alma humana é comparada a um pássaro voador - conhecido em todos os lugares, foi o centro do *Manṭteq al-ṭeyr* de *'Farid Aṭṭar*. A predileção dos poetas místicos pelo simbolismo do rouxinol e da rosa (a rosa vermelha = a beleza perfeita de Deus; rouxinol = alma; usado pela primeira vez por Baqli [falecido em 1206]) deriva do simbolismo do pássaro-alma.[62] Para a educação espiritual também foram utilizados símbolos retirados da medicina (cura da alma doente) e da alquimia (transformação da matéria básica em ouro). Muitas descrições que foram originalmente aplicadas a Deus como o objetivo do amor foram, posteriormente, usadas também para o Profeta (Mohamed) (*Swa*), que é considerado como o "amanhecer entre as trevas do mundo material e o sol da Realidade".[63]

Naturalmente grandes santos são mencionados como exemplos de virtudes, desapego e empenho na busca espiritual. A citação desses santos, alguns das linhagem a que pertencia o próprio Yasawi, demonstra uma conexão com a tradição e um conhecimento da realidade do mundo filosófico islâmico de sua era. Além, claro, de falar nos profetas e/ou dos personagens mencionados tanto no Alcorão, quanto nos textos judaicos cristãos. Tudo com o objetivo não apenas poético/estético em si mas, antes de tudo, transmitir conhecimento que pode levar a sabedoria, daí o nome de sua obra: "*Divan-i Hikmat*" (Compêndio de Sabedoria).

POEMAS DO COMPÊNDIO DE SABEDORIA DO *DIVAN-I HIKMAT*

As traduções dos *Hikmats*, versos de sabedoria apresentados neste livro, provém de diferentes fontes e traduções para línguas ocidentais, a partir de diferentes artigos e textos em inglês, francês, etc., e publicados pela "Khoja Akhmet Yassawi International Kazakh-Turkish University", entre outras instituições acadêmicas.[64] Algumas traduções seguem um padrão de numeração e outras não. Elas foram colecionadas e vertidas ao português pelo autor, com as devidas observações e explicações de termos sufis ou árabes islâmicos, com o objetivo de aclarar e facilitar a leitura de pessoas leigas nestes assuntos.

Poemas...

Seu amor me deixou louco, agora todo mundo me conhece.
Dia e noite, tudo que penso é em você; você é o único que eu preciso
por que deveria eu ir ao Paraíso, por que deveria olhar as houris?[65]
Por que deveria eu me importar com isso e aquilo?
Você é o único de quem preciso.

Observação: Loucura, perda do sentido normal da vida, inversão, troca de valores do mundo fenomênico pelo mundo espiritual.

Ó escravo Khodja Ahmed! Não seja esteta; mas seja um amante.
Não ande à deriva neste caminho; mas seja sincero.
Seja Leila, seja Majnoon, seja Ferhad, seja Şirin, seja Vamik.
Se alguém não se tornar um amante, ele não verá a beleza de Deus.
(TOSUN, 2018, p. 53)

Observação: Referência a histórias de amor clássicas, como Leila e Majnoon e Ferhad e Shirin, a busca por um amor impossível e às vezes com final trágico. Simbolismo da busca do amor transcendental e divino.

O prazer do tariqat (caminho ascético) está queimando (por amor divino),
evitando os maus, aqueles que escaparam da Verdade,
sendo rendido (ao sagrado) apesar de ter cem mil sofrimentos.
(Então) ninguém pode construir uma "casa do amor" sem submissão.
(BOBURJON; ZUHRIDDIN, 2022, p.31)

Observação: Estar rendido ao sagrado é outra expressão próxima ao muçulmano, que quer dizer estar submisso a Deus. Não é possível escapar da verdade, que é um atributo e qualidade divina, mesmo testado por mil sofrimentos, o devoto está submisso a Deus. Submissão é um dos significados de ser muçulmano.

Onde quer que você veja alguém com o coração partido, cure suas feridas.
Se o oprimido ficar preso em seu caminho, seja seu companheiro.
Esteja perto do seu convento no Dia do Julgamento.
Evitai as pessoas arrogantes e egoístas.
Hikmat 8, pág. 54 (TOSUN, 2018)

Observação: A compaixão é uma das mais louváveis qualidades observadas e estimuladas pelos sufis, bem como o senso de comunidade. No sentido geral do texto, o cuidado com as pessoas da comunidade (*Umah*) é uma tônica presente no sufismo e no islã.

Não faça mal a ninguém, mesmo que ele seja um incrédulo,
pois esse é o costume do Profeta.
Até Allah reclama dos insensíveis e dos destruidores de corações.
Para quem Sijjin (Inferno) está pronto, Allah é a testemunha.
Narrei estas palavras depois de ouvi-las dos sábios.
Hikmat 10, pág. 57 (TOSUN, 2018)

Observação: O julgamento final pertence a Deus, assim sendo Ele o Senhor do Dia do Julgamento, cada ação receberá sua recompensa, positiva ou negativa, conforme a intenção. Respeitar a condição do ser humano, independente da crença do mesmo, é uma norma que não deveria ser quebrada. A conversão forçada a religião não tem valor espiritual. “Ninguém pode ser um verdadeiro crente, fiel, se não desejar ao próximo o que deseja para si mesmo.” Dito islâmico/sufi tradicional.

Um amante nunca se importa se vai para o inferno.
Ele não se apodera de bens mesmo que veja e saiba,
Ele não se importa com Houris e Ghilmans,
Ele passa gritando e fazendo barulho.
(BOBURJON; ZUHRIDDIN, 2022, p.32)

Observação: Houris e Ghilmans, donzelas e rapazes celestiais serviçais do paraíso. Fazer muito barulho como a demonstrar estar desesperado e aflito pelo amado.

Ele diz: "Eu sou um estudioso" e lê livros, mas não lê a espiritualidade.
Ele não sabe o significado de muitos versículos.
Sua arrogância e egoísmo não estão de acordo com a religião.
Meus queridos amigos! Ele não é um estudioso, mas sim um ignorante.
Hikmat 13, pág. 59 (TOSUN, 2018)

Observação: Esse verso lembra o ditado sufi do "burro carregado de livros," que nunca leu ou lerá. Decorar textos meramente não leva ao caminho espiritual. Ler e entender são coisas distintas.

Acorde cedo e "beba sangue,"
nunca saia do caminho do seu guia espiritual.
Se você realmente ama a Deus, dê a Ele toda a sua vida.
(Saiba disso) Os verdadeiros amantes que desistiram da vida ficam "nus."
(BOBURJON; ZUHRIDDIN, 2022, p.32)

Observação: Ficar nu, no sentido de que não há nada escondido, e puro, como um bebê recém nascido ou, no caso, renascido ao Amor divino.

Ó dervixes! Venham e juntem-se!
O círculo de lembrança de Allah foi estabelecido,
a mesa de Allah foi posta, beneficiem-se dela,
ao estudar as ciências externas, ao alcançar as ciências internas,
passando do ego, alcançando a inexistência.
Adquira a existência espiritual.
Hikmat 17, pág. 61 (TOSUN, 2018)

Observação: O círculo da lembrança de Allah é uma referência às reuniões, em geral formadas de pessoas em rodas para recitar os nomes divinos *Zikr*.

Ó amigos, o contentamento do xeique
leva vocês ao contentamento de Deus.
Ó amigos, ele (o xeique) tem o prazer de Deus,
Ele (o xeique) conhece a palavra do segredo através do trabalho árduo,
Esses tipos de escravos são devotados a Deus.
(BOBURJON; ZUHRIDDIN, 2022, p.33)

Observação: Escravos, aqueles que são submissos a Deus. O xeique (mestre), por ter cruzado as estações espirituais, lê as deficiências e qualidades na alma do discípulo.

Não seja um asceta, não seja piedoso; seja um amante.
Sofra e seja fiel no caminho do amor.
Deixe o seu eu interior e seja digno da presença de Allah.
Quem não ama não tem amor, nem fé.
Hikmat 27, pág. 65 (TOSUN, 2018)

Observação: O maltratar do corpo por si só não leva a nada, só ao masoquismo. O verdadeiro fiel é o que ama a Deus.

Muhammad disse: "Quem é órfão,
saiba que eles são pessoas especiais em minha nação."
Quando você vir os órfãos, não os machuque.
Quando você vir os indefesos, não os deixe esperando.
Hikmat 31, pág. 67 (TOSUN, 2018)

Observação: O islã sempre primou pela proteção dos indefesos e da *Umah* (comunidade).

Eu vi aqueles que ficam acordados dia e noite cantando "Hu,"
como os companheiros dos anjos acima do Trono.
Eu vi aqueles que mostram generosidade e aplacam o órfão,
como os companheiros de Çehâr-yârın (os Quatro Califas) junto à fonte Kawthar.
Hikmat 33, pág. 69 (TOSUN, 2018)

Observação: *Hu* هُوَ (Ele) é uma das palavras mais usadas nas invocações sufis. Os quatro califas inspirados são: Abu-Bakr, Omar, Otman e Ali, genro do Profeta Mohamed (*Saw*). A fonte Kawthar refere-se a um rio, lago ou fonte, que matará a sede dos ressuscitados no Dia do Juízo, quando as pessoas acordarem sedentas.

Se você está apaixonado, peça amor dia e noite.
Pratique atos de adoração, não durma dia e noite.
Se você é inteligente, não revele seus segredos aos ignorantes.
Um verdadeiro dervixe realiza seus atos de adoração secretamente.
Hikmat 81, pág. 93 (TOSUN, 2018)

Observação: A exibição de atos religiosos leva à vaidade e ao pecado. A noite é um período muito usado nas meditações e adorações. As etapas vivenciadas no caminho espiritual só devem ser reveladas ao guia ou mestre.

Aqueles que alcançaram a Verdade Divina
veem beleza nas reuniões de dervixes.
Chuvas de luz acontecem nas reuniões
daqueles que alcançaram a Verdade Divina.
Tudo o que desejam,
eles encontram em reuniões de dervixes.
Todos os segredos se tornam aparentes nas reuniões de dervixes.
Hikmat 90, pág. 97 (TOSUN, 2018)

Observação: A Verdade (*Haq*) é um dos nomes de Deus.

Dervixes, que são servos da Verdade, conhecem a Verdade.
Aqueles que amam a Verdade entram no caminho da Verdade.
Aqueles que entram no caminho da Verdade, partem dizendo Allah.
Siga aqueles que alcançaram a Verdade Divina e desista de bens e posses.
Hikmat 99, Pág. 101 (TOSUN, 2018)

Observação: O desapego é uma regra geral em quase todas as tradições. A verdade, um dos noventa e nove nomes de Deus, é invocada com frequência nos rituais sufis.

Se eu quiser explicar o segredo do amor neste universo,
não há ninguém entre os desatentos que iria ouvi-lo.
A quem devo relacionar a lembrança da Verdade se todos são desatentos.
Não há ninguém que diga "Eu sou um crente" e desista do mundo.
Hikmat 103, Pág. 105 (TOSUN, 2018)

Observação: A desatenção comparável ao adormecimento da consciência, tema constante de diversas tradições em especial no sufismo.

Aos quarenta e três, procurei Deus e chorei, derramei lágrimas,
e as lágrimas viraram orvalho da manhã. Vagando pelos desertos, tornei-me um louco. Meu exaltado mentor, vim e me refugiei em você.
Aos quarenta e quatro anos, no bazar do amor, segurando o colarinho,
fui chorar num roseiral: como Mansur, perdi a cabeça na forca do amor.
Meu exaltado mentor, eu vim e me refugiei em você .
Aos quarenta e nove anos, seu amor choveu sobre mim e eu queimei.
Como Majun, renunciei e fugi de amigos e parentes, e sofri desastres com aceitação. Meu exaltado mentor, eu vim e me refugiei em você.

(SALA, 2018)

É preciso absorver minhas palavras como pedras preciosas e pérolas;
expliquei como são as coisas e entreguei para os apaixonados.

Hikmat 9 (SALA, 2018)

As estradas da tariqah são difíceis, muitos apaixonados viram pó nelas.
Quem entra no caminho do amor está em apuros, andei por aí pedindo o caminho ao Iluminado.

Hikmat 10 (SALA, 2018)

Assim como Shibli, girei e abandonei a vida, intoxicado. Me contive e fugi das pessoas, me transformei em Zemzem e entrei no subsolo.

Hikmat 7

Observação: Abu Bekr al Shibli (861–946) nascido no Iraque; grande mestre sufi que segundo se diz, vivia em estado de êxtase com frequência, a ponto de ser tomado por muitos como louco, a ele é atribuído a seguinte expressão: "Ó povo! Vou para um lugar além do qual não há além. Vou para o sul e para o norte, para um lugar além do qual não há além. Tudo o que vi depois disso pude ver em um fio de cabelo do meu dedo mínimo." Ele foi discípulo de Junayad de Bagdá.

Poço de Zemzem: é um poço d'água aberto pelo anjo Gabriel para salvar da morte Agar e seu filho Ismael. Segundo a tradição islâmica é chamado também de poço de Ismael.

"Entrou no subsolo": No final de sua vida, A. Yasawi construiu uma cela subterrânea onde meditava constantemente.

INFLUÊNCIAS

Como Ahmed Yasawi escrevia em turco popular e foi o criador da primeira escola sufi de fala túrquica, a influência sobre a literatura e poesia desse povo é tremenda.

Podemos contar muitos autores e poetas debaixo do manto *dervixe* de inspiração do santo Yasawi. Entre eles:

> Yunus Emre, *Hacı Bektaş-ı Veli*, Hacı Bayram Veli e poetas da literatura cazaque, como Abay Kunanbay, Shakarim Kudayberdi, Shalkiyiz Tilenshiul, Shal Kulekeuly, o famoso Jusip, Maylikozha e Turmagambet, cujas obras são de grande importância, introduziu o Islã e nosso Profeta (*Saws*) em suas obras para iluminar as pessoas.[66]

Entre os poetas citados, mencionaremos um dos maiores, *an passant*: O sufi turco Yunus Emre (c.1238–c.1320) é talvez um pouco mais conhecido no Ocidente. Sem mencionar Rumi, que, como já mencionado, escrevia em persa, não em turco.

> Ele continua a ser uma figura popular em diversos países, desde o Azerbaijão até os Balcãs, com sete localidades distanciadas a disputar o privilégio de ter o seu túmulo. Os seus poemas, enquadrados dentro da tradição folclórica da Anatólia, muitas vezes tratam acerca do amor divino mas também do destino humano.[67]

"O mundo é minha verdadeira razão, seu povo é minha nação."

Yunus Emre

Ele era um verdadeiro humanista, e seus versos desafiavam os ortodoxos, pois sua compreensão da religião ia muito além do dogmatismo e do pseudo fundamentalismo. Pseudo, pois o que é fundamental não é abordado, e sim interpretações enviesadas ou distorcidas e dogmáticas.

"É melhor você buscar Deus em seu próprio coração. Ele não está na Terra Santa, nem em Meca."[68]

Estas declarações faziam com que ele não fosse bem visto naquela época, seus críticos eram incapazes de transcender a letra da lei e se aprofundar no significado interior. Seus poemas são um cântico de amor ao divino, infelizmente ainda não há nenhum livro dele, ou sobre ele em português. A TV Turca produziu um belo documentário sobre Yunus Emre, chamado "A história da Jornada do Amor," que conta sua relação com o seu mestre, Tapduk Emre. O seriado foi produzido pela Tekden Film, sendo o produtor geral *Mehmet Bozdağ*, e foi lançado em junho de 2015, com grande sucesso.

"Quem tiver uma gota de amor
possui a existência de Deus!"
"O universo é a unidade da Deidade,
o verdadeiro homem é aquele que conhece
esta unidade.
É melhor você buscá-Lo em você mesmo,
você e Ele não são separados - você é um."[69]

A IMPORTÂNCIA DE AHMED YASAWI NA ATUALIDADE

"Levante-se com o sol e saboreie o elixir da vida,
Permaneça firme no caminho do seu guia espiritual,
nunca vacile.
Se o seu amor por Deus arde de forma verdadeira
e brilhante,
Entregue todo o seu ser, abraçando a luz do Divino.
Para os amantes ardentes, o véu fugaz da vida
é posto de lado,
Desnudando suas almas, em devoção eles confiam."[70]

Ahmed Yasawi teve uma vida que se tornou um exemplo não só para seguidores diretos, como influenciou pessoas comuns, e também grandes conquistadores e governantes de sua época e posteriores. Necdet Tosun, grande nome no cinema Turco, comentou:

> No final do século XIV, o Emir Timur visitou o túmulo de Ahmed Yasawi, cuja fama e influência se espalharam pelas estepes do Turquestão, e ordenou a construção de um novo mausoléu. Em alguns anos, um complexo de edifícios completo foi fundado lá, consistindo em uma *mesquita*, uma tumba e um centro sufi. Hoje esta tumba é um dos lugares mais visitados da Ásia Central. (TOSUN, 2018, p. 21)

A importância de Yasawi é tal que em 2021 foi produzida uma série na TV turca, de grande sucesso, chamada *Mavera*[71], baseada na vida do mestre. (Ver foto 3) *Mavera* é uma série dramática e histórica, filmada especialmente para o mês do Ramadã, dirigida por Dogan Umit Karaca, e co-escrita por Ibrahim Ethem Arslan e Mustafa Burak East. A história é sobre o esforço de Hajj Ahmed Yasawi, enviado a Bagdá por Yusuf

Hamadani, em Bagdá, que na época era quase um pequeno mundo. Ele expressava sabiamente: quanto mais você toca a alma das pessoas, maior seus seguidores. Por um lado, havia a perseguição daqueles que queriam expulsá-lo de Bagdá; do outro lado, estavam as pessoas que Hajj Ahmed protegera com seu pulso "Altivo" e abraçara com o coração de *Eren* (santo)...[72] O público ficou intrigado com a história emocionante de *Mavera*. A palavra *Mavera*, que passa do árabe para o turco, é uma das palavras mais antigas. Tem o significado de "além de", referindo-se a um lugar distante, e, às vezes, também usada no sentido de tempo. Assim, as aventuras espirituais de A. Yasawi foram transportadas da TV Turca para todo o mundo islâmico, em especial países de línguas turcas, evidenciando sua importância, desde a literatura até, em especial, na espiritualidade.

O Jornal ***The Astana Times*** em 26 de agosto de 2023 apresentou uma matéria falando sobre os 930 anos do guia espiritual sufi, Khodja Ahmed Yasawi, escrita por Aibarshyn Akmetkali, no caderno cultural.

Um personagem que é lembrado 930 anos após seu falecimento, e cuja tumba é visitada por dezenas de milhares de pessoas todos os anos, é sinal que marcou uma era.[73]

A UNIVERSIDADE

A primeira universidade cazaque-turca foi nomeada em homenagem a Ahmed Yasawi. Seu nome oficial é: Universidade Internacional Cazaque-Turca Khodja Akhmet Yasawi, fundada em 1991, conhecida como Universidade Ahmed Yasawi. (Ver foto 4)

> Criada pelo governo Cazaque, de acordo com um acordo intergovernamental entre o Cazaquistão e a Turquia, com o objetivo de formar nos estudantes dos países de língua turca especialistas modernos e altamente qualificados. Localizada na cidade do Turquestão, centro espiritual do mundo turco, tornou-se a primeira universidade a receber o status de instituição internacional de ensino superior.
>
> A Universidade Ahmed Yasawi é uma das principais universidades multidisciplinares do Cazaquistão. Como uma universidade inovadora que implementa políticas modernas de educação e ciência baseadas no desejo de crescimento profissional contínuo e desenvolvimento pessoal, a universidade

ocupa todos os dez primeiros *rankings* universitários nacionais todos os anos (6º em 2018).

A universidade é de categoria internacional e considerada uma universidade 'completa' com uma Faculdade de Medicina e Odontologia. O sistema educacional multinível da Universidade Ahmed Yasawi inclui: ensino superior de graduação e pós-graduação (bacharelado, mestrado, residência, estágio e doutorado).

A admissão na universidade é realizada com base na Bolsa Educacional do Estado do Cazaquistão, na Base de Contrato e na Bolsa Educacional Turca (Cota). Os alunos recebem treinamento em 155 especializações.

A universidade tem 10 faculdades, incluindo a Escola de Pós-Graduação em Governança e Economia, uma faculdade profissionalizante, 6 institutos de pesquisa e um comitê de dissertação de doutorado dedicado, com mais de 10.000 alunos, estagiários, alunos de graduação, residentes e alunos de doutorado na escola.

A Universidade Ahmed Yasawi é a primeira universidade do mundo turco a educar jovens de 19 países do mundo sobre o diálogo cultural e a tolerância interétnica, como uma universidade de grande significado ideológico no contexto da globalização moderna. (Grifo do autor, um ideal de Ahmed Yasawi).

O centro educacional une espiritualmente o mundo de língua turca.

Em maio de 2007, a Universidade assinou um Memorando de Adesão à Declaração de Bolonha, e em setembro de 2010 assinou a Carta Magna da Universidade, base da Declaração de Bolonha.

As atividades educacionais abrangem 76 programas de bacharelado, 46 programas de mestrado, 15 programas de doutorado, 9 programas de residência nas áreas de ciências naturais, humanitárias, econômicas, jurídicas, sociais, médicas, técnicas, educação, projeto de negócios, serviços e artes e 6 projetos de estágio.

No ano letivo 2018-2019, a escola contava com 74 doutores, 292 alunos de doutorado em ciências e 84 alunos de doutorado, dos quais 5% são tutores estrangeiros da Turquia e de outros países. O ensino é ministrado em cazaque, turco, russo e inglês.[74]

O MAUSOLÉU

Na cidade do Turquestão há vários monumentos arquitetônicos impressionantes. O mais notável deles é o mausoléu de Khodja Ahmed Yasawi, também chamado de segunda Meca do povo muçulmano. Segundo a descrição da Convenção do Patrimônio Mundial da UNESCO, o mausoléu Khodja Ahmed Yasawi no Turquestão é considerado patrimônio cultural da humanidade. Teve sua construção iniciada por Timur, que faleceu antes de ver a obra concluída, o que levou a uma paralisação do projeto. Timur, ou Tamerlão, (1336-1405) foi um conquistador turco-mongol que fundou o Império Timúrida dentro e ao redor do atual Afeganistão, Irã e Ásia Central, tornando-se o primeiro governante da dinastia timúrida. Timur também é considerado um grande patrocinador da arte e da arquitetura, pois interagiu com intelectuais como Ibn Khaldun, Hafez e Hafiz-i Abru e seu reinado introduziu a Renascença Timúrida.

O mausoléu, na cidade de Yasi, hoje Turquestão, foi construído na época de Timur (Tamerlão), de 1389 a 1405. Neste edifício parcialmente inacabado, mestres construtores persas experimentaram soluções arquitetônicas e estruturais usadas posteriormente na construção de Samarcanda, capital do Império Timúrida. Hoje, é uma das maiores e mais bem preservadas construções do período.

De planta retangular e 38,7 metros de altura, o mausoléu é um dos maiores e mais bem preservados exemplos da construção timúrida. O próprio Timur teria participado de sua construção, e artistas específicos foram contratados para trabalhar no projeto. As suas inovações espaciais, abóbadas, cúpulas e decoração, foram protótipos que serviram de modelo para outros edifícios importantes do período Timúrida, em particular em Samarcanda. Ficou inacabado, evidenciando documentalmente os métodos construtivos da época e possuindo uma imagem arquitetônica única.

Considerado um excelente exemplo de design timúrida, que contribuiu para o desenvolvimento da arquitetura religiosa islâmica, o mausoléu é construído em tijolos queimados, e contém trinta e cinco salas que acomodam uma série de funções. É uma estrutura multifuncional do tipo *khanaqa*, com funções de mausoléu e mesquita. Uma cúpula cônica-esférica, a maior da Ásia Central, fica acima do Salão Principal (*Kazandyk*). Outros atributos notáveis incluem fragmentos de murais originais da mesquita, estalactites de alabastro

> (*muqarnas*) no intradorso das cúpulas, azulejos com padrões geométricos com ornamentos, epigráficos nas paredes exteriores e interiores, inscrições cúficas[75] e no estilo caligráfico Suls nas paredes, e textos do Alcorão nos tambores das cúpulas. A entrada principal e partes do interior ficaram inacabadas, evidenciando excepcionalmente os métodos de construção da época.

As propriedades, sepulturas e vestígios da cidade velha oferecem um testemunho significativo da história da Ásia Central. O mausoléu está intimamente associado à difusão do Islão nesta região, com a ajuda das ordens sufis e à ideologia política de Timur.

- **Critério (i)**: O mausoléu de Khodja Ahmed Yasawi é uma conquista notável na arquitetura timúrida e contribuiu significativamente para o desenvolvimento da arquitetura religiosa islâmica.
- **Critério (iii)**: O mausoléu e sua propriedade representam um testemunho excepcional da cultura da região da Ásia Central e do desenvolvimento da tecnologia de construção.
- **Critério (iv)**: O mausoléu de Khodja Ahmed Yasawi foi um protótipo para o desenvolvimento de um importante tipo de construção no período Timúrida, tornando-se uma referência significativa na história dos Timúridas na arquitetura.

Integridade

Todos os componentes do mausoléu de Khodja Ahmed Yasawi foram incluídos dentro dos limites da propriedade. O seu cenário histórico, a cidade antiga e os vestígios destruídos da cidade medieval de Yasi, servem como zona reservada para a propriedade.

O mausoléu de Khodja Ahmed Yasawi é considerado estável, embora a extensão associada às variações ascendentes e aos sais, devido ao lençol freático elevado, possa potencialmente ameaçar a integridade estrutural. Para manter as condições de integridade, o impacto dos níveis elevados do lençol freático precisa ser mitigado, bem como o impacto de outros fatores de umidade que podem aumentar o risco de condensação e migração de sal.

O mausoléu fica no antigo centro histórico, área arqueológica onde as casas foram destruídas no século XIX. Por não ter ocorrido nenhuma ajuda, possui um potencial valioso para a arqueologia medieval, uma vez que foram preservadas camadas culturais de todas as fases de evolução deste importante centro religioso, cultural, econômico e administrativo de uma grande região.

A parte norte da antiga muralha da cidade foi reconstruída na década de 1970, proporcionando um recinto para o mausoléu e edifícios adjacentes. A nova cidade do Turquestão, que se desenvolveu para o oeste, manteve um horizonte baixo, permitindo que o mausoléu se destacasse como um grande monumento dentro do seu contexto e mantivesse a integridade visual necessária. Dado que o Turquestão está situado numa vasta barreira, quaisquer edifícios altos fora da zona de proteção tiveram um impacto significativo na integridade visual do mausoléu. Isto precisa de ser controlado pela aplicação contínua de regulamentos de planejamento adequado para garantir a proteção necessária.

Autenticidade

O mausoléu de Khodja Ahmed Yasawi mantém um grau de especificidade alto de danos como monumento, pois preservou seu projeto de atualização e acabamento, bem como os materiais originais. Não sofreu grandes mudanças ao longo do tempo e pode ser considerada uma representação genuína da arquitetura do período timúrida. Embora tenha sofrido uso inadequado e negligência, especialmente em meados do século XIX, foi mais bem preservado do que outros exemplos de monumentos timúridas, incluindo o Santuário Bibi Khanum em Samarcanda, que é de tamanho composto.

O mausoléu preservou as estruturas originais de suas abóbadas e grande parte de sua decoração externa. Restos originais das pinturas murais são visíveis no interior, e é possível que mais possam ser descobertos sob as superfícies caiadas quando novos trabalhos de restauro forem realizados. As *muqarnas* dos limites máximos ainda estão em vigor. O estado inacabado da prova de entrada principal e partes do interior são de interesse acrescido, especificamente como documental dos métodos de construção da época.

Requisitos de proteção e gerenciamento

O mausoléu de Khodja Ahmed Yasawi é um monumento nacional, inscrito na Lista de Propriedades Nacionais do Cazaquistão (decreto 38 de 26.01.1982). É propriedade do Estado e protegida pela Lei da República do Cazaquistão sobre Proteção e Uso do Patrimônio Histórico e Cultural (nº 1488-XII, de 07.02.1992). O local do mausoléu está incluído no Plano de Zonas de Proteção dos Monumentos da História e Cultura da Cidade do Turquestão (1986), que foi revisado sob a supervisão do Ministério da Cultura, pelo Instituto Estadual de Pesquisa Científica e Planejamento em Monumentos da Cultura Material (NIPI PMK, Almaty). O local dentro de seus limites possui o mais alto nível de proteção. Adjacentes aos seus limites estão Zonas de controle de planejamento com diferentes regulamentações e uma Zona de ambiente natural protegido. O Plano foi aprovado pela Comissão de Cultura e confirmado pelo decreto 628 de 22.11.1988 e ainda está em vigor.

Em nível nacional, a gestão do imóvel é da responsabilidade da Comissão de Cultura do Ministério da Cultura e Informação. Localmente, o cuidado do mausoléu e do seu enquadramento é a carga do Museu da Reserva Histórica e Cultural do Estado 'Azret-Sultão', fundado no âmbito da Comissão de Cultura do Ministério da Cultura e Informação (decreto 265 de 28.08.1989). O Museu da Reserva inclui o complexo moderno do mausoléu de Khodja Ahmed Yasawi, vestígios da cidade medieval de Yasi dentro dos limites da zona costeira, e dos monumentos secundários adjacentes. A principal função do Museu Reserva é proteger e preservar os monumentos destruídos e arquitectónicos no seu estado autêntico, os seus interiores, enquadramento histórico e territórios afins. O Museu Reserva desenvolve suas atividades em cooperação com o Instituto de "Kasrestavratziya", Instituto de Arqueologia da Academia de Ciências e outras organizações interessadas, realiza estudos históricos do local e dos seus monumentos, desenvolve fundos e coleções museológicas para investigação científica e para preparação -os aceitos para o grande público. Desde que o bem foi inscrito na Lista do Património Mundial, o orçamento anual e o pessoal permanente da Reserva-Museu aumentaram. Desde 2006, a Empresa Estatal "Kazrestavratziya", subordinada ao Ministério da Cultura, é responsável pelos projetos de conservação e pela sua implementação.

O Plano de Zoneamento de Proteção (1986) não foi integrado no último plano de desenvolvimento do Turquestão. O Museu e "Kazrestavratziya" estão a trabalhar na revisão do Plano de Zoneamento de Protecção e na sua adopção jurídica e integração no novo Plano Director para a Cidade do Turquestão, a fim de reforçar o controle sobre a construção que está em curso fora da zona critérios. Esta medida irá garantir que uma pressão crescente sobre a propriedade e a sua zona de segurança, como resultado da construção ilegal e de arranhões-céus, seja abordada de forma abrangente.

O Plano de Gestão para o período 2004-2009 não foi implementado e necessita de ser atualizado. Está em elaboração um novo Plano de Gestão Quinquenal para a Proteção e Preservação do mausoléu de Khodja Ahmed Yasawi e dos monumentos arquitetônicos e destruídos da Cidade Antiga do Turquestão, cujo foco é a propriedade e a sua zona histórica. O Ministério da Cultura está planejando rever e atualizar o plano de gestão a longo prazo do mausoléu, que abordará a segurança, investigação, conservação, monitorização, manutenção, educação e formação, controle de visitantes, sensibilização do público e preparação para riscos. O plano de manejo, a ser desenvolvido em cooperação com organizações e autoridades ligadas ao local, deve incluir diretrizes de conservação para que sejam específicos métodos adequados para a restauração de pinturas murais, trabalhos em metal, trabalhos em madeira e acabamentos superficiais.

Para garantir a gestão sustentada e a conservação da propriedade, serão necessários recursos financeiros, técnicos e materiais adequados. Será necessária a manutenção de uma equipe permanente com habilidades e técnicos especializados e artes envolvidas dedicadas à manutenção do imóvel. Um centro de documentação do bem e da zona específica também serão ferramentas importantes para facilitar os esforços de conservação e gestão e para promover uma maior sensibilização para as questões legislativas e de preservação do património.[76]

A história do mausoléu nos remete ao de Arystan Bab, que foi um dos mentores de Ahmed Yasawi, quando este ainda era muito jovem.

Em homenagem à vitória sobre a Horda Dourada, o grande emir Tamerlão planejou erguer um magnífico edifício que é o mausoléu de Khodja Ahmed Yasawi. No meio da cidade de Yassy (antigo nome do Turquestão), um feito de construção sem precedentes estava prestes a acontecer, no qual todos os cidadãos participaram. Mas inexplicavelmente, com o passar do tempo, as paredes foram se deteriorando. Depois disso, Tamerlane teve um sonho onde viu Ahmed Yasawi pedindo-lhe para construir primeiro um mausoléu para seu professor - Arystan Bab.

Tamerlão ergueu um santuário monumental no local, onde ficava um pequeno mausoléu de dois cômodos construído pelos seguidores de Arystan Bab após sua morte no século XII.

O mausoléu de Arystan Bab foi destruído repetidamente devido às condições climáticas e foi restaurado novamente. Assim, em 1971, com o apoio financeiro da população local, o mausoléu foi reconstruído com tijolos queimados. A única lembrança dos métodos de construção usados na era de Tamerlão são as antigas colunas esculpidas que são cuidadosamente armazenadas nela.

O sagrado e majestoso mausoléu de Khodja Ahmed Yasawi ergue-se orgulhosamente com 37,5 metros de altura. Sua construção foi concluída em 1405. A incrível energia da tumba permite compreender a história e tocar a cultura cazaque.

A maioria dos viajantes inicia a sua peregrinação com uma visita ao mausoléu de Arystan Bab, antes de partir para a peregrinação ao mausoléu de Khodja Ahmed Yasawi.

Uma das principais obras expostas do mausoléu de Khodja Ahmed Yasawi é o *Taikazan* (Caldeirão).[77]

> O *Taikazan* foi feito em 1399, por ordem de Amir Timur, foi colocado como presente ao mausoléu de Khodja Akhmed Yassawi. O *Taikazan* é fundido a partir de uma liga de sete metais: ouro, prata, ferro, bronze, estanho, cobre e chumbo. Foi fundido pelo mestre ferreiro persa, Abdulaziz ibn Sharafuddin Tabrizi. A inscrição no caldeirão dá este testemunho. *Taikazan* pesa cerca de 2 toneladas, tem diâmetro de 2,4m, altura de 1,6m e capacidade de 3.000 litros. O caldeirão é considerado uma obra-prima da arte de fundir o ferro. Os manuscritos da *sulsa* e do *kufi* em árabe contêm o versículo 19 da *surata* (arrependimento) e o *Hadith:* 'Quem cavar um poço pela misericórdia de Allah, Allah preparará para ele uma sauna (reservatório) nos céus.' Além disso, a inscrição 'a força é inerente a Allah' é repetida 22 vezes. O Kazan tem 20 alças, com os nomes dos mestres ao lado de cada alça, e *Mubarak Bad* (abençoado) é escrito 10 vezes em persa. *Taikazan* estava localizado na entrada do mausoléu, em uma sala especial chamada Zhamagatkhana ou Sala da Caldeira.[78]

Existem várias lendas sobre seu uso e o motivo de sua construção: uma delas dizia que se a carne sacrificada nesse caldeirão fosse aceita, ele se encheria, todo dela, milagrosamente. Mas ao que tudo indica, inclusive na inscrição no mesmo, era usado para distribuir água aos fiéis, considerada de certa forma sagrada. Chama atenção do fato dele, o caldeirão ser fundido com uma liga de sete metais, já que o Paraíso islâmico, coincidentemente, tem sete céus.

> O estudioso e filósofo Yasawi Dossai Kenzhetai expressa a seguinte opinião sobre a função do *taikazan*: "A água do caldeirão era servida após o zikir, ritual de invocação dos nomes de Deus, em uma sala construída especialmente para as pessoas que fizeram a peregrinação. Nenhuma comida foi preparada no kazan." "Os caldeirões eram considerados uma das características comuns dos sufis. Além do já mencionado caldeirão de Herat, Afeganistão, sabe-se que havia um grande caldeirão de bronze no *khanaka* (centro sufi) de Jalaladdin Rumi em Konya, Turquia". Um caldeirão de bronze para 24 bois é preservado acima do túmulo do sagrado *Khodja Bektaş Uali* (perto de *Kırşehir*), outro sufi famoso na Turquia, e chama a atenção por seu tamanho." "Segundo estudiosos da cultura islâmica em geral, no entendimento sufi o caldeirão não é apenas um recipiente. O caldeirão em si (simboliza) é a *tekkia* (centro sufi). O caldeirão está na frente da *tekkia*. O caldeirão significa lareira, escola, fogo, calor. Assim como a comida será preparada no caldeirão, os *dervixes* também se prepararão para a *tekkia*. O caldeirão simboliza a graça, símbolo da generosidade dos espíritos.[79]

Poderíamos dizer que o caldeirão que recebe água pura é como o receptáculo do coração, que pode se tornar o trono de Deus, se o discípulo estiver pronto para isso.

O CONGRESSO DE LÍDERES DAS RELIGIÕES MUNDIAIS E TRADICIONAIS

Inspirado, direta ou indiretamente nas palavras do mestre de Ahmed Yasawi, Yusuf Hamadani, bem como nas interpretações posteriores de Jalal ud din Rumi, que se recusava a julgar e condenar seguidores de outras crenças; e com intuito de criar um clima de fraternidade Universal, foi lançada a ideia do Congresso de Líderes Mundiais e Tradicionais no ano de 2019 pelo governo do Cazaquistão.

> *"Era (ele) imparcial em relação a todas as religiões e seu amor era universal e sentido por qualquer um que dele se aproximasse. Havia ainda magos (sacerdotes zoroastristas) em Bukhara, naquele tempo, que costumavam visitá-lo regularmente."*
>
> *(Yusuf Hamadani, Apud BENNETT, 1983, - P. 123)*

Para execução desse projeto, em cuja sétima edição participaram mais de cem representantes e lideranças religiosas, foi criado o "Centro Nazarbayev para o Desenvolvimento do Diálogo Inter-religioso e Inter-civilização." O tema do Congresso foi: "O papel dos líderes das religiões mundiais e tradicionais no desenvolvimento espiritual e social da humanidade no período pós-pandemia".[80]

A mais recente reunião do Congresso de Líderes das Religiões Mundiais e Tradicionais foi realizada em 2022. O Vatican News publicou a notícia abaixo[81] com o destaque "Líderes religiosos no Cazaquistão, unidos em defesa do diálogo e da paz":

> A Declaração Final do VII Congresso de Líderes das Religiões Mundiais e Tradicionais, documento que pensa nas futuras gerações para aumentar o diálogo e a paz no mundo, foi lido na conclusão do evento que contou com um discurso do Papa

Francisco. A próxima edição do Congresso será realizada novamente no Cazaquistão, em 2025.

Declaração de encerramento do congresso:

Ela (a declaração) também será distribuída como documento oficial da 77ª Sessão da Assembleia Geral das Nações Unidas e os seus princípios podem ser disseminados em todos os níveis regionais e internacionais, para que "a paz e a prosperidade sejam concedidas a todos os povos e países".

No detalhe, o documento representa uma posição comum entre os participantes do Congresso pensando nas gerações futuras e é dividido em 35 pontos para "aumentar o diálogo entre confissões, religiões e civilizações". Os líderes declaram que o evento representa "esforços conjuntos para reforçar o diálogo civil em nome da paz e da cooperação."

Sobre conflitos militares, os participantes do Congresso acreditam que são atos que podem gerar tensões e reações em cadeia, destruindo o sistema de relações internacionais (4). Além disso, "o extremismo, o radicalismo, o terrorismo e todas as outras formas de violência e guerra, seja qual for seu fim, não têm nada a ver com a verdadeira religião e devem ser rejeitados nos termos mais fortes possíveis".

O pluralismo e as diferenças de religião, assim como de raça, gênero e linguagem, diz a Declaração, "são uma expressão da sabedoria da vontade de Deus, com a qual Ele criou o homem," razão pela qual qualquer ato de coerção "para com uma determinada religião ou doutrina religiosa" é inaceitável. O texto pede apoio para qualquer iniciativa destinada a implementar o diálogo inter-religioso e interconfessional; enfatiza a comunhão com os esforços das Nações Unidas e de qualquer outra entidade para promover o diálogo entre civilizações, religiões e nações; exorta os Estados a garantir condições de vida dignas para seus cidadãos e a reduzir a discrepância de bem-estar entre os diferentes países do mundo; encoraja a preservação dos valores espirituais e diretrizes morais nas sociedades; e reconhece a importância do papel dos líderes das religiões e da diplomacia religiosa. A tolerância, o respeito e a compreensão mútua são solicitadas e devem ser, portanto, "o objetivo de toda pregação religiosa".

Um texto para as gerações futuras

A Declaração exige ainda a não identificação do extremismo e do terrorismo com nações e religiões amantes da paz; a expansão do papel da educação e da instrução religiosa; o fortalecimento da instituição da família; a igualdade de gênero nas sociedades e a proteção da dignidade e dos direitos da mulher. O texto também pede apoio para áreas do mundo afetadas por conflitos militares e desastres naturais ou causados pelo homem, assim como organizações internacionais e governos nacionais em seus esforços para superar as consequências da pandemia do coronavírus.

Os líderes das religiões do mundo assinaram o documento, assim, na promessa de dar novos passos em favor da paz e reconhecendo, acima de tudo, a importância e o valor do Documento sobre a Fraternidade Humana de Abu Dhabi, assinado em 2019 pelo Papa Francisco e o Grão Imame de Al-Azhar, Ahmad Al-Tayyib. O próximo Congresso de Líderes Religiosos será realizado no Cazaquistão em 2025.[82]

Figura 3: Série turca sobre Yasawi

Figura 4: (Khoja Akhmet Yasawi International Kazakh Turikish University) A Universidade

Figura 5: Nota padrão emitida pelo Banco Nacional do Cazaquistão com o mausoléu de Khodja Ahmed Yasawi no verso

ПОДДЕЛКА БАНКНОТ ПРЕСЛЕДУЕТСЯ ПО ЗАКОНУ
НАЛЬНЫЙ БАНК КАЗАХСТАНА
500

Figura 6: Mausoléu de Khodja Ahmed Yasawi

Figura 7: Trono dos ***Khans*** (imperadores) do Cazaquistão

Figura 8: Placa do último ***Khan*** cazaque independente

Ablai (ou Abylai) foi o último *Khan* (líder/rei) cazaque independente antes do Canato ser absorvido pelo Império Russo. Após sua morte em 1781, foi enterrado no Mausoléu de Khoja Ahmed Yasavi junto com outros *khans*.

Figura 9: ***Taikazan*** (Caldeirão) - Vista ampla

Simbolicamente, o caldeirão que recebe água pura é como o receptáculo do coração, capaz de se tornar o trono de Deus, se o discípulo estiver pronto para isso.

BIBLIOGRAFIA

BENNETT, J.G. *Os Mestres de Sabedoria*. São Paulo: Pensamento, 1983.

BOBURJON, R.; ZUHRIDDIN, J. *Análise literária do "Diwan-i Hikmat" Yasawi.* Journal of History Culture and Art Research, 12(1), 26-37. Disponível em: https://www.researchgate.net/publication/369978439 2022.

CONDÉ, Osvaldo. *Emir Abdelkader:* Vida e obra do humanista Argelino. Brasília: Pró-Consciência, 2022.

______. *Helena Blavatsky Teosofia e Sufismo.* Brasília:Pró-Consciência, 2023.

JURAEV, Z.; RAJAVALIEV, B. *Glorifying human qualities and condemning vices in Sufi Ahmad Yasawi's poems* - Article: 2257019 | Received 02 Mar 2023, Accepted 05 Sep 2023, Published online: 09 Sep 2023. Disponível em: https://www.tandfonline.com/author/Rajavaliev%2C+Boburjon

KELLER, Nuh Ha Mim. *The Place of Tasawwuf in Traditional Islam*, www.masud.co.uk, 1995.

KURBANOVA, Elnura Gaybulloyevna. *Ahmad Yasawi and Yusuf Hamadani* Basic Doctoral (PhD) Student, Institute of Uzbek Language, Literature and Folklore of the Academy of Sciences of the Republic of Uzbekistan, Uzbekistan - International Journal of Multicultural and Multireligious Understanding (IJMMU) Vol.9 n.2, p. 379-383, 2022.

SALA, Renato. *Ahmed Yasawi: Life,words and significance in the kazakh culture* Laboratory of Geoarchaeology, Kazakh National University, Kazakhstan, Almaty. Journal of history. nº2 (89). Al-Farabi Kazakh National University, 2018.

SHUSHUD, Hassan Lutfi. *Masters of Wisdom of Central Asia.* – Inner Traditions, 2014.

TOSUN, Necdet. *Khoca Akhmed Yassawi.* Khoca Akhmet Yassawi International Kazakh-Turkish University, Khoca Akhmet Yassawi, 2018. International Kazakh-Turkish University review research series publication number: 51, Ankara,2018

Fontes eletrônicas adicionais:

https://spiritualpc.net/wp-content/uploads/2016/10/2016-0014.pdf

https://en.wikipedia.org/wiki/Four_Doors

Fonte das imagens:

Arabescos - https://www.pinterest.es/pin/487796203380444220/

https://br.pinterest.com/pin/317151998756684670/

Foto 1 - Mapa do Cazaquistão Cacahuate, Portuguese translation by Texugo, CC BY-SA 4.0 <https://creativecommons.org/licenses/by-sa/4.0>, undefined

Foto 2 - Moeda de vinte liras turca com imagem sugerida de Yasawi

FRENTE: https://en.numista.com/catalogue/pieces165501.html

VERSO: https://en.numista.com/catalogue/photos/turquie/3059-original.jpg

Foto 3 - Série turca sobre Yasawi https://i.ytimg.com/vi/E25kOj0Ra2s/maxresdefault.jpg

Foto 4 - A Universidade (Khoja Akhmet Yasawi International Kazakh Turikish University) https://www.eduopinions.com/universities/universities-in-kazakhstan/khoja-akhmet-yassawi-international-kazakh-turkish-university

Foto 5 - Mausoléu de Khodja Ahmed Yasawi Cedida pelo Secretário Geral da Embaixada do Cazaquistão no Brasil, Sr. Anuar Temirov.

Foto 6 - Mausoléu de Khodja Ahmed Yasawi (fachada) Cedida pelo Secretário Geral da Embaixada do Cazaquistão no Brasil, Sr. Anuar Temirov.

Foto 7 - Nota padrão emitida pelo Banco Nacional do Cazaquistão com o mausoléu de Khodja Ahmed Yasawi no verso https://en.numista.com/catalogue/note205150.html

Foto 8 - Trono dos Khans imper(adores) do Cazaquistão Cedida pelo Secretário Geral da Embaixada do Cazaquistão no Brasil, Sr. Anuar Temirov.

Foto 9 - Placa referente a Ablai Khan que foi o último Khan (líder) cazaque independente antes do Canato ser absorvido pelo Império Russo Cedida pelo Secretário Geral da Embaixada do Cazaquistão no Brasil, Sr. Anuar Temirov.

Foto 10 - Taikazan (Caldeirão) - Vista ampla Cedida pelo Secretário Geral da Embaixada do Cazaquistão no Brasil, Sr. Anuar Temirov.

APÊNDICE

Entrevista com o autor para o jornal cazaque *THE ASTANA TIMES* na edição Online[83] publicado em 2024[84] :

THE ASTANA TIMES
BRINGING KAZAKHSTAN TO THE WORLD

Sections

Congress of Leaders of World and Traditional Religions Sets Example of Peaceful Coexistence, Says Brazilian Writer

BY TIMUR ZHUSSUP *in* CONGRESS OF LEADERS OF WORLD AND TRADITIONAL RELIGIONS, EDITOR'S PICKS, INTERNATIONAL *on* 18 MAY 2024

Osvaldo Conde, the renowned Brazilian writer and a member of the Theosophical Society and the Haqqani Naqshbandi Order in Brazil, recently discussed the mission of religions worldwide and shared his ideas on strengthening interreligious cooperation in an interview for this story.

Osvaldo Conde, the renowned Brazilian writer and a member of the Theosophical Society and the Haqqani Naqshbandi Order in Brazil.

Conde is the author of several books, including "The Traditional Matrix of the Matrix," "Theosophy and Sufism of Helena Blavatsky," "Emir Abdelkader, the life and work of an Algerian Humanist," "Three Philosophical Pigs," and "The Curious Wolf." He studies mythology and comparative religions, and religious sciences at the University of Uniter in Curitiba, Paraná State, Brazil.

Below is the Q&A with Osvaldo Conde.

What is the role of world religions in the modern world?

Most Recent Stories

- Kazakhstan Proposes to Establish Center for Afforestation of Dried Aral Seabed
- Forum in Almaty Explores Kazakhstan's Financial Sector
- Kazakh President to Visit Singapore This Week
- Kazakhstan to Launch Mass Alert Earthquake Warning System This Month
- Salam Air to Resume Almaty-Muscat Flights in June
- Kazakhstan Rises to 52nd in WEF Travel and Tourism Index 2024
- Kazakhstan's National Bank Presents 2023 Report to President Tokayev
- Kazakh Movie Wins Award at LA Asian Pacific Film Festival 2024
- Turkic Investment Fund Holds its Inaugural Board of Governors Meeting in Istanbul
- Kazakhstan Suspends Digital Bridge 2024 Forum

https://astanatimes.com/2024/05/congress-of-leaders-of-world-and-traditional-religions-sets-example-of-peaceful-coexistence-says-brazilian-writer/ 1/6

The main purpose of religions has always been to improve human character, not to force or coerce people to change their beliefs.

In fact, the so-called "Golden Rule" is important, which has been mentioned since Chinese antiquity along with Confucius (Kung Fu Tzu). It says: "Do not do to others what you do not wish for yourself." This rule remains valid for the modern world, since this law is universal. In today's divided world, where wars are taking place across several continents, religion has a role to play in ensuring that the essence of the Golden Rule—compassion—prevails. In religions originating from the prophet Abraham, this Rule is clearly expressed:

In Christianity, for example, the Gospel of Matthew (7:12) attributes the following phrase to Jesus of Nazareth (A.S.) (Isa bin Maryam): "So in all things do to others as you want them to do to you; for this is the Law and the Prophets."

In Judaism, it is stated: "What is hateful to yourself, do not do to your neighbor. This is the essence of the Torah. The rest is just commentary."

In Islam, it is taught: "No one is a true believer unless he wishes his brother what he wants for himself."

The same statement is found with slight variations in Eastern religions and beliefs such as Buddhism, Hinduism, Jainism, Sikhism, among others.

Using religion as a justification for the aggression of states or nations against each other is a crime against humanity. Of course, we do not ignore political differences, commercial and strategic interests. But when will we start thinking in a truly humanistic way? Using religions as an excuse or aggression contradicts the very essence of each faith. Nations must stop behaving like "disgusting children," we see how states and nations of the same religion are involved in serious and dangerous conflicts, whether in Europe, Asia, or Africa, despite the fact that encroachment on human life is a very grave (religious) crime.

In an effort to justify aggression, there is usually a demonization of the "enemy," facilitated by the notorious use of "fake news," which is nothing more than a modernized form of lying. But lies are completely condemned by religions and, even worse, used to justify mass killings. Consider what the religions of the Middle East say about this:

(**Talmudic Treatise**), **Sota (42a)**: Liars are counted among those who will not enjoy the Divine Presence in the World of the Future. This is based on Psalm 100:7: "He who spreads lies will not remain before My eyes."

(**Exodus 23**): 1. “Do not spread false rumors; do not give your hand to the wicked to give false testimony. 2. Don’t follow the bad example of the crowd. Do not give evidence in court, taking the side of the majority in such a way as to pervert justice.”

(**Quran 2.42**): “And do not hide the truth with lies, and do not hide it when you know it.”

The great poet Yunus Emre said this about the true word in the poem:

“The word stops the war,

And the word heals wounds,

And there is a word that transforms poison into oil and honey.”

The words of Ahmed Yassawi, the great Kazakh Sufi teacher, speak eloquently about empathy: “Wherever you see a man with a broken heart, heal his wounds. If the oppressed are stuck in their path, be their comrade. Be near your temple on Judgment Day. Avoid arrogant and selfish people.”

The mission of world religions is the urgent need to proclaim and realize peace among people, regardless of their faith. The role of religion, as an ethical moral force, is to call the Ummah—the global human community—to compassion for each other: urgently!

Please tell us about the development of interreligious relations in Latin American countries, particularly in Brazil.

In South America, as well as in the Middle East and Asia, colonization by European powers such as France, Germany, England, and Portugal led to the dominance of their respective religions. Typically, these religions were often imposed and presented by the colonialists as superior to the religions and beliefs of the indigenous peoples. In Brazil, due to Portuguese colonization, the Roman Catholic religion became predominant, which prevailed in Europe during the Great Navigation. Later, the Protestant aspects of Christianity were introduced, which arose with the reform of Martin Luther. African religions came to Brazil through an enslaved population and in some cases merged with the spiritualistic doctrines of Allan Kardek, giving rise to Umbanda, a religion that can be said to be mixed between Christian precepts, spiritualism, and religions of African origin. It was among the African slaves, specifically the Male ethnic group, that Islam first appeared in Brazil. This group’s quest for freedom led to an attempted uprising in Bahia, which ultimately failed, resulting in arrests and exile.

Islam became more widely present in Brazil only with the arrival of Syrian and Lebanese immigrants much later.

With Japanese immigration to Brazil, we gained access to new currents of religious philosophy, including Buddhism and some ecumenical sects, such as the Mahikari, Seicho No Ie, etc. The European colonization of Asia led to several attempts to understand Asian thought, even if it was an attempt to impose Christianity. In any case, this has generated a huge number of religious texts translated into modern languages, such as English, French, German, Spanish, etc. Gradually, these texts were presented or translated into Portuguese. Since Brazil is a very large country geographically, and we accept many immigrants, more from Europe and Africa than from the East, due to the geographical location, these elements prevail. But today, after the "Hippie" and "New Age" movements that originated in California, almost all global religions are practiced in Brazil.

Since Brazilians are generally very friendly and curious about foreigners, it is not difficult to detect attempts at religious syncretism in our country. Thus, the Federal Government encourages respect for various religious beliefs by adopting special laws against religious discrimination or attacks on religious symbols or temples. Movements such as the Baha'i Faith, the Theosophical Society, and interfaith or ecumenical movements (Catholics and/or Protestants) are common in Brazil. Since Brazilians are mystics by nature, often a person professes more than one religion for reasons of convenience. When asked what their religion is, they usually respond: "Catholicism!" Throughout the year, numerous meetings take place with representatives of various religious and philosophical communities, whether at universities or in premises belonging to one of these groups. In addition, online meetings are held to facilitate debates between religious denominations. The overall goal is to combat religious discrimination.

What are your ideas, vision, recommendations, and position on strengthening interreligious cooperation?

The relationship of the Roman Mediterranean world, Islamic conquests, and the bridging of East and West through great voyages contributed to the creation of vast European empires and colonies. This historical diversification and acceleration of human contact across different cultures, religions, and ways of thinking—facilitated by contemporary globalization—have produced some peculiarities. This led to the need for discussions to better understand each other. Lack of knowledge leads to misunderstanding, distrust, and fear, which is one step away from violence. It is necessary to empathize with others and their outlook on life, and perceive them as people in themselves, with the same needs. This approach encourages cooperation rather than argument. This is what fascinated thinkers like Al Biruni (973-1050), who is considered the father of comparative religious studies.

The importance of initiatives such as the Congress of the Leaders of World and Traditional Religions, which takes place in Kazakhstan every two years, is growing, because mutual understanding is a necessity, not a luxury.

It is interesting that a country with a Muslim majority has taken up this brilliant initiative, since perhaps the first mini-congress of this type was organized by the Muslim King of India Akbar, who lived between 1542-1605. Emperor Akbar organized intense debates in his palaces with various religious leaders, including Portuguese Christians, Shiite Muslims, Sunnis, Hindus, Buddhists, among others. At a later time, in 1893, there was a Parliament of Religions in Chicago, which was dominated by a clear Christian presence, as it was organized in this country. However, this was the first time that Buddhist, Hindu, and Muslim monks came together to communicate their ideas in the West. Of course, this was not on the same scale as what Kazakhstan holds today, nor with the significance that, fortunately, this event has now acquired. My suggestion is that the minutes of the Congress of the Leaders of World and Traditional Religions should be available to everyone. Either the debate should be recorded, translated and published, or each edition of the event should be documented, if it hasn't been done already. When religious leaders, whose followers insist on fighting, see their leaders engaging in meaningful dialogue, this simple action can help change the mindset. And a person, as we know, usually acts as he thinks.

In any case, I believe that the prominence of this event in South America can be greatly improved. It is quite possible that this event is much more well-known in Central Asia, including due to geographical reasons. Eventually, the event should extend beyond the academic circles of religious scholars and reach the general public, which is vital.

Tradução da entrevista com o autor para o jornal cazaque THE ASTANA TIMES, edição online, 18 de maio de 2024:

Qual é o papel (missão) das religiões mundiais no mundo moderno?

O objetivo essencial das religiões sempre foi o aperfeiçoamento do caráter humano, nunca foi forçar ou obrigar as pessoas a mudarem seus credos. No fundo, o que importa é a chamada "Regra de Ouro" que é mencionada desde a antiguidade chinesa com Confúcio (Kon'g-fu-tzu) e que basicamente diz "não faças a outrem o que não desejas para ti mesmo." Esta regra continua válida para o mundo moderno, pois esta lei é universal. No mundo dividido de hoje, em que guerras acontecem em vários continentes, a religião precisa ter um papel em que faça prevalecer o cerne da Regra de Ouro, que é a compaixão. Nas religiões originadas a partir do patriarca Abraão, esta Regra fica explícita:

No **Cristianismo**: Em Segundo Mateus 7:12, por exemplo, a frase é atribuída a Jesus de Nazaré (*As*) (Aissa Bin Maryam): "Assim, em tudo, façam aos outros o que vocês querem que eles lhes façam; pois esta é a Lei e os Profetas."

No **Judaísmo**: "O que é odioso para si mesmo, não faça ao seu próximo. Essa é a essência da Torá. O resto são apenas comentários."

No **Islamismo**: "Ninguém é verdadeiramente crente se não deseja para o irmão o que deseja para si mesmo."

Esta mesma proposição aparece também nas religiões e crenças orientais como Budismo, Hinduísmo, Jainismo, Siquismo, etc., com ligeiras variações.

Usar a religião como desculpas para agressões de estados ou nações, umas contra outras, é um crime contra a humanidade. Naturalmente, não ignoramos as diferenças políticas e os interesses comerciais ou estratégicos, mas quando passaremos a pensar em termos humanísticos de fato? Usar as religiões como desculpas, ou justificativas, para agressões vai na contramão da essência de cada uma delas. As nações precisam parar de se comportar como "crianças birrentas", estamos vendo estados/nações com a mesma religião em graves e perigosos conflitos, seja na Europa, seja na Ásia, ou África. Quando sabemos que atentar contra a vida humana é o maior crime (religioso) que existe, é um contra senso.

No afã de justificar agressões, normalmente há uma demonização do "inimigo", e usam, para isso, as famigeradas *Fake News*, que não passam de "mentiras modernizadas". Mas a mentira é completamente condenável pelas religiões, e pior ainda se for para justificar massacres. Vejamos o que as religiões do oriente médio dizem sobre ela (grifos nossos):

> Tratado Talmúdico - Sotá - (42a)
>
> Os mentirosos são listados entre aqueles que *não desfrutarão da Presença Divina* no Mundo Vindouro. Isto se baseia no Salmo 101:7: "Aquele que espalha falsidades não permanecerá perante Meus olhos.
>
> Êxodo 23:1-2
>
> Não levantarás *um boato falso*; não darás tua mão ao perverso para levantar um *falso testemunho*. Não seguirás o mau exemplo da multidão. Não deporás num processo, *metendo-te do lado da maioria de maneira a perverter a justiça*.
>
> Alcorão 2.42
>
> E não disfarceis a *verdade com a falsidade*, nem a oculteis, sabendo-a.

O grande poeta Yunus Emre sobre a palavra verdadeira num verso se expressou da seguinte forma: "A guerra é interrompida por uma palavra, e uma palavra cura as feridas, e há uma palavra que transforma o veneno em manteiga e mel."

As palavras de Ahmed Yasawi, o grande mestre sufi cazaque são eloquentes sobre a empatia: "Onde quer que você veja alguém com o coração partido, cure suas feridas. Se o oprimido ficar preso em seu caminho, seja seu companheiro. Esteja perto do seu templo no Dia do Julgamento. Evitai as pessoas arrogantes e egoístas."

A missão das religiões mundiais é uma urgente necessidade de declaração e implementação de PAZ entre os povos, independente de crença, o papel da religião como força moral ética é conclamar a *Umah*, comunidade humana, à compaixão, uns pelos outros: com urgência!

Conte-nos sobre o desenvolvimento dos laços inter-religiosos nos países latino-americanos, em particular no Brasil

Na América do Sul, assim como em países do Oriente Médio e Ásia, a colonização pelas potências europeias, como França, Alemanha, Inglaterra e Portugal trouxe as versões religiosas, predominantes desses países. Como é de praxe, tais religiões muitas vezes foram impostas e apresentadas pelo colonizador como superiores as religiões autóctones. No Brasil, devido a colonização portuguesa, imperou a religião católica romana, que na época das Grandes Navegações também era predominante na Europa. Posteriormente houve a introdução das vertentes protestantes do cristianismo, surgidos com a reforma de Martinho Lutero. As religiões africanas vieram para o Brasil através da população escravizada e, em alguns casos, fundiu-se com as doutrinas espíritas de Allan Kardec, dando origem a Umbanda, uma religião que podemos dizer ser mista, entre preceitos cristãos, espiritismo e religiões de matrizes africanas. Também foi com os africanos que o islã veio primeiramente ao Brasil, com o grupo étnico do Malés que, em busca de liberdade, tentou uma rebelião na Bahia que falhou, sendo presos e degredados.

O islã só se tornaria mais presente no Brasil com a vinda de imigrantes sírios/libaneses bem mais tarde.

Já com a imigração japonesa para o Brasil, tivemos acesso a novas correntes de filosofias religiosas, entre elas o Budismo, e de algumas seitas ecumênicas como a Mahikari, Seicho No Iê etc. A colonização europeia da Ásia levou a várias tentativas de compreender o pensamento asiático, ainda que fosse para tentar impor o cristianismo. De toda forma, isso gerou uma enorme quantidade de textos religiosos traduzidos para línguas modernas, como inglês, francês, alemão, espanhol, entre outros. Aos poucos, estes textos foram introduzidos e/ou traduzidos ao português. Como o Brasil é um país muito grande territorialmente e recebemos muitos imigrantes, mais da Europa e África, do que do Oriente, devido a localização geográfica, prevalecem estes elementos. Mas hoje, depois do movimento Hippie e New Age, oriundo na Califórnia, o Brasil conta com praticamente todas as religiões presentes no mundo.

Sendo o povo brasileiro muito amistoso, no geral, e curioso com estrangeiros, não é difícil encontrar tentativas de sincretismo religioso no nosso país. Assim o Governo Federal tem estimulado o respeito as diferentes crenças religiosas, havendo leis específicas contra a discriminação religiosa, ou ao ataque de símbolos religiosos ou templos. Movimentos como a Fé Bahá'í, a Sociedade Teosófica, e movimentos inter-religiosos ou ecumênicos (católicos e ou protestantes) são comuns no Brasil. Sendo o brasileiro um místico por natureza, não é incomum que uma pessoa frequente eventualmente mais de uma religião, por questão de conveniência, e ao ser perguntado qual é sua religião costuma dizer: católico! Acontecem ao longo do ano muitos encontros com representantes de diversas comunidades filosóficas religiosas, seja em Universidades e/ou em espaços de algum desses grupos. Além disso, existem reuniões on-line de debates entre inter-confessionais. O objetivo comum é combater a discriminação religiosa.

As suas ideias, visão, recomendações e posições sobre o fortalecimento da cooperação inter-religiosa

As inter-relações, que vem a partir do mundo romano mediterrâneo, e das conquistas islâmicas, ponte entre Oriente e Ocidente, das grandes navegações, com a criação dos grandes impérios e colônias europeias, e essa diversificação e aceleração dos contatos humanos de diferentes culturas e religiões e seus modos de pensar e agir; causados e facilitados pela globalização (modernamente), causou alguma estranheza. Isto levou a necessidade do debate para que haja maior compreensão do outro. O desconhecimento leva a incompreensão, muitas vezes à desconfiança e ao temor, daí para violência é um passo curto. É necessário empatia com o outro, sua forma de enxergar a vida e percebê-lo como ser humano em si, com as mesmas necessidades e, dessa forma, cooperar e não disputar. Foi isso que fascinou pensadores como Al Biruni: 973/1050 que é considerado o pai dos estudos das religiões comparadas.

A importância de eventos como o "Congresso de líderes das Religiões Mundiais" que acontece a cada dois anos no Cazaquistão cresce, pois a compreensão é uma necessidade, não um luxo.

É curioso que um país de maioria muçulmana tome esta luminosa iniciativa, já que talvez o primeiro "mini-congresso" desse tipo foi organizado por um rei muçulmano da Índia: Akbar, que viveu entre 1542/1605. O imperador Akbar promovia, nos seus palácios, intensos debates com diferentes líderes religiosos, entre eles: cristãos portugueses, muçulmanos xiitas, sunitas, hinduístas, budistas etc. Houve também, em tempos mais modernos, em 1893, em Chicago, um Parlamento das Religiões, onde prevaleceu, de forma clara, uma presença cristã, já que foi organizado naquele país. Entretanto, foi a primeira vez que se reuniu monges budistas, hindus e muçulmanos para exporem suas ideias no Ocidente. Claro que não foi com a dimensão física do Congresso do Cazaquistão de hoje em dia, e muito menos com a importância que este evento felizmente adquiriu. Minha sugestão é que as atas do "Congresso de líderes das Religiões Mundiais" sejam disponibilizadas, ou gravadas; uma síntese dos debates traduzidas e divulgadas, ou produzido documentários de cada edição desse evento, se isso ainda não foi feito. Quando os líderes religiosos, cujos seguidores insistem em lutar, vêem os seus líderes envolvidos num diálogo significativo, esta simples ação pode ajudar a mudar a mentalidade. E uma pessoa, como sabemos, geralmente age como pensa.

De toda forma creio que a divulgação desse evento na América do Sul pode ser muito melhorada. É possível que o evento seja muito mais conhecido na Ásia central. Até por uma questão geográfica. Também o evento deverá(cedo ou tarde) ultrapassar os círculos acadêmicos de estudiosos de religiões e atingir o grande público isso é vital.

NOTAS DE FIM

1 Caligrafia Bismillah ou basmala é uma fórmula comum em árabe usada no início de alguma atividade, como a lembrar a importância de se ter consciência de Deus e, desta forma, abster-se de ser injusto ou ingrato. A frase *Bismillah ar-Rahman ar-Rahim* significa "Em nome de Deus, o Misericordioso, o Compassivo". Fonte da imagem da caligrafia: https://pin.it/dE4TBl4mG by IMGBIN. N.E.

2 Ao mencionar o nome do Profeta Muhammad (Mohamed ou Maomé) os muçulmanos dizem: *Salalahu Aleihi Wassalam*, que é traduzido como: "Que Allah o abençoe e dê paz." Essa frase pode ser abreviada como *Swas* ou *Saw,* e é assim que usaremos a partir de agora. Quando o nome de outro Profeta islâmico é mencionado é usado (*Aleihi Salam*). A tradução seria algo como: "Que a Paz de Deus esteja com ele" e se abrevia por *As*. Quando o nome de uns dos companheiros (Sahaba) do Profeta é mencionado é utilizado a frase *Radiyalahu an-hu*, que se traduz por: "Que Allah esteja aprazido com ele." Esta frase é abreviada com a letra *R*.

3 Nascido na pérsia em Tus, (1058/1111), mais conhecido somente como Algazali, foi um grande teólogo islâmico, jurista, filósofo, cosmólogo, psicólogo e místico de origem persa, e continua a ser um dos estudiosos mais célebres da história do pensamento islâmico sunita.

4 Estados de consciência, de experimentação, e não de mera informação.

5 Ibn Khaldun foi, além de historiador e filósofo islâmico, astrônomo, economista, jurista, advogado, matemático, estrategista militar, nutricionista, cientista social e estadista.

6 https://www.oxfordbibliographies.com/display/document/obo-9780195390155/obo-9780195390155-0081.xml

7 https://www.abuaminaelias.com/understanding-sufism-in-islam/

8 *Jihad:* Aqui traz o sentido de esforço na busca da perfeição espiritual. Trata-se de um termo complexo e é equivocado traduzir como mera guerra exterior. "A palavra árabe *Jihad* vem da raiz '*Jahd*' que significa 'luta'. Essa luta pode ser de diferentes tipos. *Jihad al – Kabir* (a grande luta) refere-se à luta pelo conhecimento e pela educação, enquanto

Jihad al Akbar (a maior luta) é usada para se referir à luta contra os desejos e inclinações egoístas. *Jihad al-Asghar* (a luta menor) significa lutar contra aqueles que atacaram os muçulmanos e os seus territórios." https://ahlalbait.org/jihad/4

Vemos também no seguinte *Hadith* (registo escrito dos relatos do profeta do islã, Mohamed (*Swa*), reportadas por uma cadeia de sucessivas de narradores, de valor jurídico e religioso, frequentemente ligados à vida e à obra do profeta uma importante reflexão): "Algumas tropas voltaram de uma expedição e foram ver o Mensageiro de Allah sallallahu `alayhi wa-Sallam . Ele disse: "Vocês vieram para o melhor, desde a *jihad* menor (*al-jihad al-asghar*) até a *jihad* maior (*al-jihad al-akbar*)". Alguém disse: "Qual é a maior *jihad*?" Ele disse: "A luta do servo(fiel) contra sua luxúria (desejos)" (*mujahadat al-`abdi hawah*). https://sunnah.org/2011/01/01/documentation-of-the-hadith-of-jihad-al-akbar-greater-jihad/

9 Conceito que parece lembrar o aspecto da sombra na visão da psicologia Junguiana à qual se deve levar luz e não meramente reprimir ou ignorar.

10 https://www.britannica.com/topic/Sufism/The-path

11 https://en.wikipedia.org/wiki/Chishti_Order

12 https://web.archive.org/web/20061225092136/http://www2.let.uu.nl/Solis/anpt/ejos/pdf6/melikoff-final.pdf

13 Sobieroj, F. (1997), *A Enciclopédia do Islã apud* https://en.wikipedia.org/wiki/Suhrawardiyya

14 https://www.britannica.com/biography/Abu-Najib-al-Suhrawardi

15 https://sijjada-bakria.com/en/blog/2017/05/22/abu-najib-al-suhrawardi/

16 https://world-religions.info/qadiriyya-tariqa/

17 https://en.wikipedia.org/wiki/Rifa i

18 https://sufischool.org/br/shadhili.html

19 *Jihad* externa no sentido de defesa da comunidade, unicamente quando atacada. Lembrando sempre que o sentido de guerra interior, luta contra os próprios defeitos ou imperfeições do ego, é o mais importante sempre, como visto anteriormente.

20 https://historiaislamica.com/pt/sufis-no-front-de-batalha-o-regimento-mevlevi/

21 Maior ramo do islã xiita. N.E.

22 https://pt.wikipedia.org/wiki/Bektashis

23 https://en.wikipedia.org/wiki/Naqshbandi

24 https://sufischool.org/orders/mujaddidi.html

25 https://iqaraislam.com/os-misticos-do-isla-ordem-tijaniyyah

26 Ibidem.

27 https://islam.uga.edu/sufismorders.html#Muridiya e http://khidmatulkhadim.org/Bamba.html

28 https://toubamica.org/biography-of-shaykh-ahmadu-bamba/

29 https://pt.wikipedia.org/wiki/Ahmad_al-Alawi

30 https://www.ipsnews.net/2013/01/mystical-islam-deters-fundamentalism/

31 O termo *khodja*, *khoja* ou *khwaja* significa "mestre" e passa a ser incorporada ao nome da pessoa. Ao longo da obra optamos por manter a grafia original utilizada em cada contexto, principalmente, quando se refere a algum monumento erigido em nome do grande mestre. N.E.

32 (1336-1405)

33 https://welcome.kz/en/kazakhstan/history

34 https://www.tandfonline.com/doi/full/10.1080/23311983.2023.2257019

35 Uma das quatro principais escolas de jurisprudência islâmica.

36 https://adebiportal.kz/en/authors/view/3409

37 https://www.globalmediajournal.com/open-access/the-path-of-the-khoja-ahmet-yasawi-in-kazakh-and-turkish-minstrel-customs.php?aid=87201

38 https://www.tandfonline.com/doi/full/10.1080/23311983.2023.2257019

39 *Dhikr* ou *Zikr* silencioso é uma das técnicas da escola Naqshbandi de meditação, usando a repetição de um dos noventa e nove nomes de Deus, que pode ser em voz alta e nesse caso silenciosamente.

40 https://naqshbandi.org/the-naqshbandi-golden-chain/the-chain/abdul-khaliq-al-ghujdawani/

41 Ou farsagh - é uma unidade de medida persa de distância igual a cerca de 4 milhas ou mais de 6 km, também uma unidade métrica persa igual a 10 km ou 6,21 milhas (Merriam-Webster). N.E.

42 https://en.wikipedia.org/wiki/Baha%27_al-Din_Naqshband

43 https://naqshbandi.org/uwaysi-connection/

44 https://en.wikipedia.org/wiki/Khwaja_Ahrar

45 São um grupo de instituições de ensino superior estabelecidas por Khwaja Nizam al-Mulk no século XI no Irã. O nome *nizamiyyah* deriva de seu nome. Fundadas no início do Império Seljúcida, estas escolas teológicas islâmicas sunitas são consideradas o modelo das universidades ou escolas islâmicas posteriores. Os institutos *nizamiyyah* estavam entre as primeiras instituições de ensino superior bem organizadas no mundo muçulmano.

46 https://www.tandfonline.com/doi/full/10.1080/23311983.2023.2257019

47 Profissão de fé islãmica: Eu testemunho que não existe deus a não ser Deus e Mohamed (*Saw*) é seu profeta.

48 https://www.tandfonline.com/doi/full/10.1080/23311983.2023.2257019

49 https://en.wikipedia.org/wiki/Hikmah

50 http://www.natcom.unesco.kz/turkestan/e12_divan.htm

51 ERASLAN, Kemal; TOSUN, Necdet. Yesevî'nin fakr-nâmesi ve iki Farsça risalesi. Miniatures by Cihangir Asurov, Ahmet Yesevi Üniversitesi, 2016.

52 https://www.asginans.com/post/shariah-tariqah-haqiqah-and-marifah

53 https://www.asginans.com/post/shariah-tariqah-haqiqah-and-marifah

54 Ibidem.

55 Ibidem.

56 https://www.asginans.com/post/shariah-tariqah-haqiqah-and-marifah

57 Representa a fuga do profeta Mohamed (*Swa*) da cidade de Meca para Medina, no ano 622 da Era cristã ou Era Comum, e marca o ínicio do calendário Islâmico. N.E.

58 Tradução, interpretação e/ou comentários explicativos são do autor.

59 https://www.tandfonline.com/doi/full/10.1080/23311983.2023.2257019

60 História originalmente árabe e que foi inspiradora de vários autores posteriores como Fuzuli, Nizami etc.

61 Audição de música e dança sagradas praticadas na escola Mevlevi, de Rumi.

62 O pássaro como símbolo da alma aparece tradicionalmente desde o Egito antigo, representado voando acima dos sarcófagos.

63 https://www.britannica.com/topic/Sufism/Symbolism-in-Sufism

64 https://www.researchgate.net/publication/369978439

65 Donzelas transcendentais do Paraíso.

66 https://www.globalmediajournal.com/open-access/the-path-of-the--khoja-ahmet-yasawi-in-kazakh-and-turkish-minstrel-customs.php?aid=87201

67 https://www.lightmillennium.org/summer_fall_01/yunus_emre_humanism.html

68 https://www.lightmillennium.org/summer_fall_01/yunus_emre_humanism.html

69 Ibidem.

70 https://www.tandfonline.com/doi/full/10.1080/23311983.2023.2257019

71 https://www.turkishworld.org/mavera-hace-ahmed-yesevi-2021/

72 Fontes: https://www.synopsistv.com/2021/04/mavera-synopsis-and--cast-turkish-drama.html

e https://www.turkishworld.org/mavera-hace-ahmed-yesevi-2021/

73 https://astanatimes.com/2023/08/kazakhstan-celebrates-930-years--of-sufi-spiritual-guide-khoja-ahmed-yasawi/

74 https://cnkz-edu.com/en/university/khoja-akhmet-yassawi-international-kazakh-turkish-university

75 Referente ao estilo de caligrafia árabe da cidade de Cúfa, Iraque.

76 https://whc.unesco.org.translate.goog/en/list/1103/?_x_tr_sl=en&_x_tr_tl=pt&_x_tr_hl=pt-BR&_x_tr_pto=sc

77 Foto: https://azretsultan.kz/eng/taikazan-is-a-special-symbol/

78 https://azretsultan.kz/eng/taikazan-is-a-special-symbol/

79 https://azretsultan.kz/eng/taikazan-is-a-special-symbol/

80 https://religions-congress.org/en/news/novosti/1561

81 https://www.vaticannews.va/pt/vaticano/news/2022-09/papa-francisco-viagem-cazaquistao-declaraco-final-congresso-2022.html

82 Ibidem.

83 Osvaldo Condé, Abril de 2024.

84 Por Timur Zhussup *in* CONGRESS OF LEADERS OF WORLD AND TRADITIONAL RELIGIONS, EDITOR'S PICKS, INTERNATIONAL em 18 de maio de 2024, disponível em: https://astanatimes.com/2024/05/congress-of-leaders-of-world-and-traditional-religions-sets-example-of-peaceful-coexistence-says-brazilian-writer/

ALGUNS LIVROS DO AUTOR COM TEMAS RELACIONADOS:

Emir Abdelkader - Vida e Textos do Humanista Argelino

Uma delicada biografia do grande humanista argelino, mestre espiritual e poeta, Emir Abdelkader, chamado "Napoleão do deserto". Um estadista que exemplificou a atitude adequada de amor, tolerância e respeito, tão necessários em um mundo onde prevalece o extremismo politico e/ou religioso que tanto sofrimento e atraso tem espalhado na humanidade. Um mestre sufi que salvou milhares de cristãos da morte.

O livro é prefaciado por Toufik Dahmani, Embaixador da República Argelina Democrática e Popular no Brasil.

Helena Blavatsky, Teosofia e Sufismo

Neste livro, o autor refaz o percurso da criadora da Sociedade Teosófica, Helena Blavatsky, buscando possíveis influências islâmicas em seu legado e estabelece interessantes comparações. Destaca os anos de convívio e experiências de Blavatsky com Mestres sufis, persas e árabes e outras personalidades.

O livro é prefaciado pelo jornalista Fernando Mansur e apresentado por Sergio Carvalho de Moraes Júnior, ex-presidente da Sociedade Teosófica no Brasil.

Os três porquinhos filosóficos e o lobo curioso

O autor revisitou a história original dos "Três porquinhos", oriunda do século XVIII, e a transformou em uma fábula para crianças e adultos com questionamentos essenciais, incentivando a busca pelo autoconhecimento.

Ilustrações da artista plástica Gaída Côrtes. Prefácio de Ezequiel Braga e posfácio de Roberto Crema.

AHMED YASAWI: A JORNADA DO SUFISMO
foi composto nas dependências da editora Pró-Consciência,
em formato 15,5 x 22,5 cm.
Esta obra foi impressa na Gráfica Athalaia
em papel Avena 80g.
Brasília DF, Brasil
2024

كن مع الحقيقة حتى لو كنت بمفردك
(*Kun mae alhaqiqat hataa law kunt bimufradik*)
Esteja com a verdade mesmo se
estiver sozinho.